RENASCIMENTO

COLEÇÃO HISTÓRIA NA UNIVERSIDADE – TEMAS

CIVILIZAÇÕES PRÉ-COLOMBIANAS • Alexandre Guida Navarro
ESTADOS UNIDOS NO SÉCULO XX • Flávio Limoncic
IMPERIALISMO • João Fábio Bertonha
INDEPENDÊNCIA DO BRASIL • João Paulo Pimenta
JUVENTUDE E CONTRACULTURA • Marcos Napolitano
PRÉ-HISTÓRIA DO BRASIL • Pedro Paulo Funari e Francisco Silva Noelli
REFORMA E CONTRARREFORMA • Rui Luis Rodrigues
RENASCIMENTO • Nicolau Sevcenko
REVOLUÇÃO FRANCESA • Daniel Gomes de Carvalho
ROTA DA SEDA • Otávio Luiz Pinto
SEGUNDA GUERRA MUNDIAL • Francisco Cesar Ferraz
UNIÃO SOVIÉTICA • Daniel Aarão Reis

Nicolau Sevcenko

RENASCIMENTO

HISTÓRIA NA UNIVERSIDADE – TEMAS

Ilustração de capa
"A criação de Adão" (detalhe do teto da capela Sistina),
Michelangelo

Montagem de capa e diagramação
Gustavo S. Vilas Boas

Coordenação de textos
Carla Bassanezi Pinsky

Preparação de textos
Lilian Aquino

Revisão
Mariana Carvalho Teixeira

Dados Internacionais de Catalogação na Publicação (CIP)

Sevcenko, Nicolau, 1952-2014
Renascimento / Nicolau Sevcenko. – São Paulo : Contexto, 2024.
144 p. : il. (Coleção História na Universidade : Temas)

Bibliografia
ISBN 978-65-5541-531-5

1. Arte renascentista 2. Renascença – Itália
3. Renascença – História I. Título

24-3792 CDD 940.21

Angélica Ilacqua – Bibliotecária – CRB-8/7057

Índice para catálogo sistemático:
1. Arte renascentista

2024

EDITORA CONTEXTO
Diretor editorial: *Jaime Pinsky*

Rua Dr. José Elias, 520 – Alto da Lapa
05083-030 – São Paulo – SP
PABX: (11) 3832 5838
contato@editoracontexto.com.br
www.editoracontexto.com.br

Sumário

Apresentação

Pode um livro escrito há algumas décadas manter sua atualidade? É claro que sim, desde que nos permita, a nós, leitores, a sensação de estarmos diante de algo novo, revolucionário, que descortine um movimento histórico fundamental. Um livro que conta o que aconteceu ano passado em Brasília pode ser velho e desinteressante, enquanto uma versão inteligente, culta e bem estruturada sobre o Renascimento pode ser atual e nos conduzir a um entendimento mais amplo do processo histórico. É o caso deste livro do historiador paulista Nicolau Sevcenko. Depois de lê-lo, vocês irão concordar comigo.

Nicolau foi meu aluno no curso de História da USP. Era quieto, modesto e não buscava visibilidade. Como se tratava de uma classe excepcionalmente boa, com vários estudantes que, posteriormente, alcançaram elevados patamares em suas carreiras, só me dei conta de Nicolau quando pedi um trabalho e ele me presenteou com páginas excepcionais. Acabou se aproximando bastante e, anos depois, quando, em nome de uma editora que me contratara, precisei de alguém com erudição e saber para escrever um livro sobre o Renascimento, fui convidá-lo. Ele ficou entusiasmado e agradecido e fez um trabalho que, com poucas alterações, tenho o prazer de republicar, desta vez na nossa Editora, a Contexto. Nicolau teve uma carreira breve, mas brilhante, tendo se tornado um autor disputado, um professor querido e um historiador consequente.

Este livro mostra que é possível apresentar um movimento como o Renascimento em diferentes dimensões, em que a questão cultural aparece como a mais evidente, talvez até a mais visível, mas sem obnubilar o que ele representa enquanto rompimento de uma estrutura medieval, baseada em um universo de preconceitos, superada pela história. O Renascimento, silenciosamente, ameaça esse mundo que ainda funciona como se as diferenças sociais abissais fossem vontade divina, como se miséria, violência, massacres e perseguições fossem fenômenos naturais.

Embora com a sutileza que caracteriza a visão de mundo do autor, Sevcenko revela a fissura representada pela obra de arte, o rompimento sugerido por grandes artistas, o cisma percebido nas atitudes que abordavam, aparentemente, apenas questões formais.

Esse Renascimento, esse *Quattrocento* sinuoso e descontente, vibrante e revolucionário, questionou tudo, a velha ordem, as formas de representação humana e divina, as doutrinas religiosas, as vestimentas, os padrões de comportamento. Nem o mar que dominou o mundo resistiu e o Mediterrâneo acabou sendo trocado pelo Atlântico...

Leiam este livro como ele é, uma porta para a compreensão de um mundo novo. O esforço vale a pena.

Jaime Pinsky
Historiador e editor, criador e diretor da Editora Contexto

A Editora Contexto agradece a colaboração de Cristina Carletti
para que esta nova edição do livro fosse possível.

A revolução cultural que fundou nosso mundo moderno

Em torno do final dos anos 1960 e início dos 70, vivi um período de intensa mudança cultural, me empenhei e acreditei profundamente nas possibilidades prodigiosas daquele fluxo inconformista e transformador que louvava o amor, a paz, a liberdade e a fantasia. Mas um dia o sonho acabou e me dei conta de que a maior parte das pessoas manifestava um sentimento oscilante entre o desprezo, o ridículo e a indiferença para com os visionários. Do resíduo da esperança e inquietação e da enorme perplexidade que se seguiram a essa experiência dolorosa, nasceu o desejo de entender as raízes ambivalentes de nossa cultura, presa entre o anseio de um mundo melhor e o horror da mudança. Foi essa preocupação que me levou a sondar o Renascimento, a revolução cultural que fundou nosso mundo moderno.

A história da cultura renascentista nos ilustra com clareza todo o processo de construção cultural do homem moderno e da sociedade contemporânea. Nele se manifestam, já muito dinâmicos e predominantes, os germes do individualismo, do racionalismo e da ambição ilimitada, típicos de comportamentos mais imperativos e representativos do nosso tempo. Ele consagra a vitória da razão abstrata, que é a instância suprema de toda a cultura moderna, versada no rigor das matemáticas que passarão a reger os sistemas de controle do tempo, do espaço, do trabalho e do domínio da natureza. Será essa mesma razão abstrata que estará presente tanto na elaboração da imagem naturalista pela qual é representado o real, quanto na formação das línguas modernas e na própria constituição da chamada identidade nacional. Ela é a nova versão do poder dominante e será consubstanciada no Estado moderno, entidade racionalizadora, controladora e disciplinadora por excelência, que extinguirá a multiplicidade do real, impondo um padrão único, monolítico e intransigente para o enquadramento de toda sociedade e cultura. Isso, contraditoriamente, fará brotar um anseio de liberdade e autonomia de espírito, certamente o mais belo legado do Renascimento à atualidade.

Como explicar a pujança do Renascimento, surgindo em continuidade à miséria, à opressão e ao obscurantismo do período medieval? Houve certamente uma transição. O Renascimento assinala o florescimento de um longo processo anterior de produção, circulação e acumulação de recursos econômicos, desencadeado desde a Baixa Idade Média. São os excedentes dessa atividade crescente em progressão maciça que serão utilizados para financiar, manter e estimular uma ativação econômica. Surge assim a sociedade dos mercadores, organizada por princípios como a liberdade de iniciativa, a cobiça e a potencialidade do homem, compreendido como senhor todo-poderoso da natureza, destinado a dominá-la e submetê-la à sua vontade, substituindo-se no papel do próprio Criador. O Renascimento, portanto, é a emanação da riqueza e da abundância, e seus maiores compromissos serão para com ela.

A experiência renascentista ressaltou a questão da escolha entre o bem e o mal e levou a um posicionamento com relação ao exercício da liberdade plena. A certa altura de uma das mais importantes peças de Shakespeare, o personagem *Lord* Macbeth declara: "Ouso tudo o que é próprio de um homem; quem ousa fazer mais do que isso não o é". Essa postura revela com extraordinária clareza toda audácia da experiência renascentista. Tratava-se, com efeito, de uma prática cujos gestos mais ousados lançaram seus participantes para além de si mesmos, colocando-os no limiar entre o demônio e o próprio Deus. Se o orgulho pela descoberta de sua prodigiosa capacidade criativa e pela revelação de virtudes, de técnica e de intelecto que jamais suspeitaram em si aproximava-os da figura do Pai Eterno, sua vaidade afetada e a cobiça sem freios que desencadeavam os arrastava para as legiões do Príncipe das Trevas. E, no entanto, a opção era clara: tudo o que os renascentistas pretendiam era assumir a condição humana até seus limites, até as últimas consequências. Nem Deus, nem o demônio; todo o desafio consistia em ser absolutamente, radicalmente humano, apenas humano.

Mas até que ponto os poderes dominantes podiam tolerar as consequências dessa liberdade? Sobretudo se ela retornava para a sociedade em forma de dúvida, de crítica, de relativismo e, muito pior, de ironia? Alguns ficaram aquém, outros ultrapassaram os limites do permitido, atacando os privilégios dos poderosos e pagando com o que tinham de mais caro: sua consciência, sua liberdade, seu corpo e sua própria vida.

O Renascimento constitui uma das mais fascinantes aventuras intelectuais da humanidade. Ele guarda uma semelhança mais do que notável com a empresa das grandes navegações. Para se atreverem a essas perigosas viagens marítimas, esses homens, ainda modestamente equipados, foram igualmente encorajados pelas comunidades burguesas e cortesãs, receberam privilégios, honrarias e regalias, mas tiveram que enfrentar monstros míticos e reais, tiveram que suportar, ao mesmo tempo, a atração e o medo do desconhecido, tiveram que acreditar em si mesmos e em seus confrades mais do que em entidades sobrenaturais, tiveram que enfrentar todos os riscos de desbravar novos mundos e tiveram que suportar o choque de valores completamente diversos dos seus. E muitos deles, como Colombo, acabaram na solidão, no sofrimento e na miséria, desprezados pelos que se abeberavam de suas conquistas. O mesmo aconteceu com inúmeros criadores do Renascimento. E, no entanto, esses homens viveram uma experiência soberana de criação e puderam provar o gosto amargo, porém único, de serem livres.

* * *

Dentre meu círculo de amigos mais íntimos, vários são artistas ou professores de História da Arte. Eles me auxiliaram muito, estimulando a elaboração deste texto, esclarecendo minhas ideias, sugerindo e me emprestando seus livros. Gostaria, por isso de agradecer a Antonio Hélio Cabral, Murilo Marx, Ronei Bacelli, Maria Cristina Costa Sales, Kléber Ferraz Monteiro, Elias Tomé Saliba e muito especialmente a Maria Cristina Simi Carletti, que discutiu toda a estrutura do texto comigo, foi o diapasão das avaliações estéticas, colaborou na escolha das ilustrações, compartilhou minhas aflições e a quem dedico este trabalho.

Condições históricas gerais

No período entre os séculos XI e XIV, caracterizado como a Baixa Idade Média, o Ocidente europeu assistiu a um processo de ressurgimento do comércio e das cidades. O estabelecimento de contatos constantes e cada vez mais intensos com o Oriente. Inicialmente através das Cruzadas e em seguida pela fixação ali de feitorias comerciais permanentes, garantiu um fluxo contínuo de produtos, especiarias e, sobretudo, um estilo de vida novo para a Europa. A criação desse eixo comercial, reforçada pelo crescimento demográfico, pelo desenvolvimento da tecnologia agrícola e pelo aumento da produção nos campos europeus, dava origem a novas condições que tendiam a progressivamente, em conjunto com outros fatores estruturais internos, dissolver o sistema feudal que prevalecera até então.

Surgiram assim as grandes cidades (burgos), tornadas centros de produção artesanal e entrepostos comerciais; as feiras internacionais de comércio, em que a participação era intensa e os negócios vultosos; as primeiras casas bancárias, voltadas para a atividade cambial e para os empréstimos a juros; a Europa Ocidental passou a ser cortada por caravanas de mercadores em todas as direções. A economia de subsistência e de trocas naturais tendia a ser suplantada pela economia monetária, a influência das cidades passou a prevalecer sobre os campos, a dinâmica do comércio a forçar a mudança e a ruptura das corporações de ofícios medievais. A nova camada dos mercadores enriquecidos, a burguesia, procurava de todas as formas conquistar um poder político e um prestígio social correspondentes à sua opulência material.

As regiões da Itália e de Flandres, entre outras, desde cedo se beneficiaram com essas mudanças. Ambas polarizaram o comércio europeu: o italiano através do domínio do comércio do mar Mediterrâneo ao sul (especiarias, tapetes, sedas, porcelanas, veludos, marfim, corantes, essências etc.) e o flamengo pelo controle estratégico do tráfico do mar Báltico e do mar do Norte (madeira, ferro, estanho, pescados, peles, mel). Além disso, ambas as regiões eram centros produtores de tecidos de alta qualidade, exportados para toda a Europa. As regiões da Inglaterra e França participavam das trocas, sobretudo como grandes fornecedoras de matérias-primas: gado, lã, cereais, vinho, sal. Na região da França meridional, a Champagne, ocorriam as mais concorridas feiras internacionais, onde eram transacionadas as mercadorias do Norte e do Sul e redistribuídas para todo o continente.

Rotas comerciais atlântico-mediterrâneas (séculos XIV e XV)

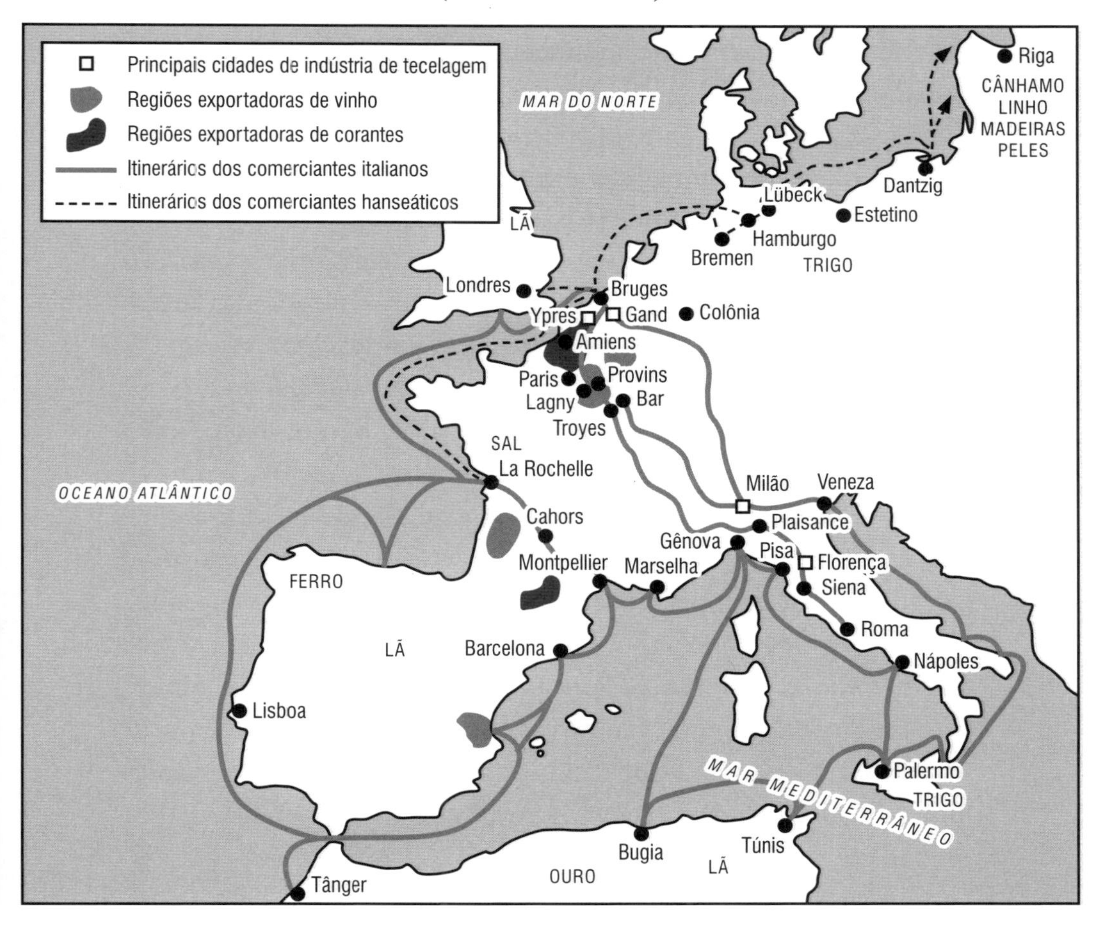

COLAPSO

Por volta do século XIV, entretanto, todo esse processo de crescimento entrou em colapso. Os fatores que têm sido apontados pelos historiadores como os principais responsáveis por esse refluxo do desenvolvimento econômico são: a Peste Negra, a Guerra dos Cem Anos e as revoltas populares. Essa crise do século XIV tem sido denominada também *crise do feudalismo*, pois acarretou transformações tão drásticas na sociedade, economia e vida política da Europa, que praticamente diluiu as últimas estruturas feudais ainda predominantes e reforçou, de forma irreversível, o desenvolvimento do comércio e da burguesia.

A Peste Negra foi, sem dúvida, um efeito das precárias condições de vida e higiene existentes nos burgos da Baixa Idade Média. As aglomerações desordenadas de casas no espaço estreito das muralhas, a ausência de qualquer sistema de esgoto ou saneamento, a inobservância de quaisquer hábitos de higiene e limpeza eram decorrências de um crescimento urbano muito rápido e tumultuoso. Por isso, algumas cidades se tornaram focos epidêmicos, de onde as pessoas fugiam apressadas transmitindo a moléstia para as outras e assim por diante, atingindo a totalidade do continente e exterminando cerca de um terço até metade da população europeia. A mortalidade foi ainda ampliada pela disputa secular (1346-1450) entre os soberanos da França e da Inglaterra, na Guerra dos Cem Anos. A grande mortalidade, decorrente da peste e da guerra, procedeu à desorganização da produção e disseminou a fome pelos campos e cidades – razão das grandes revoltas populares que abalaram tanto a Inglaterra e a França, quanto a Itália e a Flandres nesse mesmo período.

Havia, porém, outras razões para as revoltas populares. Com o declínio demográfico causado pela guerra e pela peste, os senhores feudais passaram a aumentar a carga de trabalho e impostos aos camponeses remanescentes, a fim de não diminuir seus rendimentos. Era contra essa superexploração que os trabalhadores se revoltavam. A solução foi adotar uma forma de trabalho mais rentável, através da qual poucos homens pudessem produzir mais. Adotou-se então, preferencialmente, o trabalho assalariado e o arrendamento, ou seja, os servos foram liberados para vender seus excedentes no mercado das cidades. Assim, estimulados pela perspectiva de um rendimento próprio, os trabalhadores e arrendatários incrementaram técnicas e aumentaram a produção. Passaram a predominar, portanto, as atividades agrocomerciais, como a produção de cereais e de lã, e os novos empresários passaram a exigir a propriedade exclusiva e privada das terras em que investiam. Tudo isso concorreu para a dissolução do sistema feudal de produção.

Como vemos, a crise do século XIV contribuiu para que a economia monetária, a atividade comercial e os investimentos de capital se intensificassem ainda mais. Paralelamente, a nobreza feudal via aumentadas suas dificuldades. As grandes despesas de uma guerra de longa duração e as dificuldades enfrentadas pela escassez de mão de obra a obrigaram a um endividamento crescente junto aos capitalistas burgueses. Os nobres vão sendo assim obrigados a desfazer-se de parte de suas terras, a emancipar seus servos, a aumentar as regalias das cidades e dos mercadores. O comércio sai da crise do século XIV fortalecido. O mesmo ocorre com a atividade manufatureira, sobretudo aquela ligada à produção bélica, à construção naval e à produção de roupas e tecidos, nas quais tanto a Itália quanto Flandres se colocaram à frente das demais. As minas de metais nobres e comuns da Europa Central também são enormemente ativadas. Por tudo isso, muitos historiadores costumam tratar o século XV como um período de Revolução Comercial.

O desenvolvimento da navegação entre Itália e Flandres, através do Atlântico, propiciou o desenvolvimento de novos centros comerciais, como Sevilha, Lisboa e Londres. O estreitamento da rede de comércio marítimo com a terrestre estimula a opulência de novas capitais econômicas, como Lion na França, Antuérpia em Flandres e Augsburgo na Alemanha. Essa ampliação vultosa do comércio, contudo, começa a se ressentir da falta de um maior volume de moedas e mercadorias no mercado europeu. A escassez de metal precioso, os elevados preços do monopólio italiano das especiarias e a morosidade da oferta de produtos orientais ameaçavam paralisar o impulso extraordinário do comércio. Somente as navegações ibéricas e a descoberta de novas rotas para a Ásia e a África, bem como do novo continente americano no limiar do século XVI, viriam aliviar esse estrangulamento das energias do capitalismo comercial.

FORTALECIMENTO DA MONARQUIA

Outro agente que saiu fortalecido da crise do século XIV foi a monarquia. O vácuo de poder aberto pelo enfraquecimento da nobreza é imediatamente recoberto pela expansão das atribuições, poderes e influências dos monarcas modernos. Seu papel foi decisivo tanto para conduzir a guerra quanto, principalmente, para aplacar as revoltas populares. A burguesia via neles um recurso legítimo contra as arbitrariedades da nobreza e um defensor de seus mercados contra a penetração de concorrentes estrangeiros. A unificação política significava também a unificação das moedas e dos impostos, das leis e normas, de pesos e medidas, fronteiras e aduanas. Significava a pacificação das guerras feudais e a eliminação do banditismo das estradas. Com a grande expansão do comércio, a monarquia nacional criaria a condição política indispensável à definição dos mercados nacionais e à regularização da economia internacional.

Mas como instituir um Estado onde só havia o poder pulverizado dos feudos? Criar e manter um poder amplo e permanente, nesse momento, significava antes de tudo contar com um grande e temível exército de mercenários, um vasto corpo de funcionários burocráticos de corte e de província, um círculo de juristas que instituísse, legitimasse e zelasse por uma nova ordem sócio-político-econômica e um quadro fiel de diplomatas e espiões, cultos e eficientes. É evidente que homens com tais qualidades e disposições seriam mais provavelmente encontrados nos escalões da burguesia. Esse era, aliás, um conjunto de serviços que poderia em parte ser encomendado a grandes casas de financistas e a grandes traficantes, de certo modo já habituados com todos eles. Era o caso dos Alberti, dos Médici, dos Frescobaldi, dos Peruzzi, dos Acciaiuoli e dos Bardi nas cidades italianas, ou dos Fugger, dos Welser, dos Rehlinger, dos Inhoff no Império Alemão, dos Thurzo na Hungria, dos Godard na França e assim por diante.

Todas essas casas comerciais possuíam uma enorme burocracia, que abrangia dimensões tanto nacionais como internacionais, graças às suas inúmeras agências, feitorias e entrepostos. Desenvolviam igualmente um sistema completo de contabilidade e de administração empresarial e financeira. Não relutavam, mesmo quando necessário, em contratar com companhias especializadas os serviços de corpos de mercenários para a guerra, para combater revoltas populares ou para simples ameaça. E o que era o Estado moderno senão a ampliação de uma empresa comercial, cujo controle decisório estava nas mãos do rei, sendo que este se aconselhava com os assessores financeiros, fiscais, comerciais, militares, com os diplomatas e espiões antes de qualquer gesto?

Itália durante a Renascença

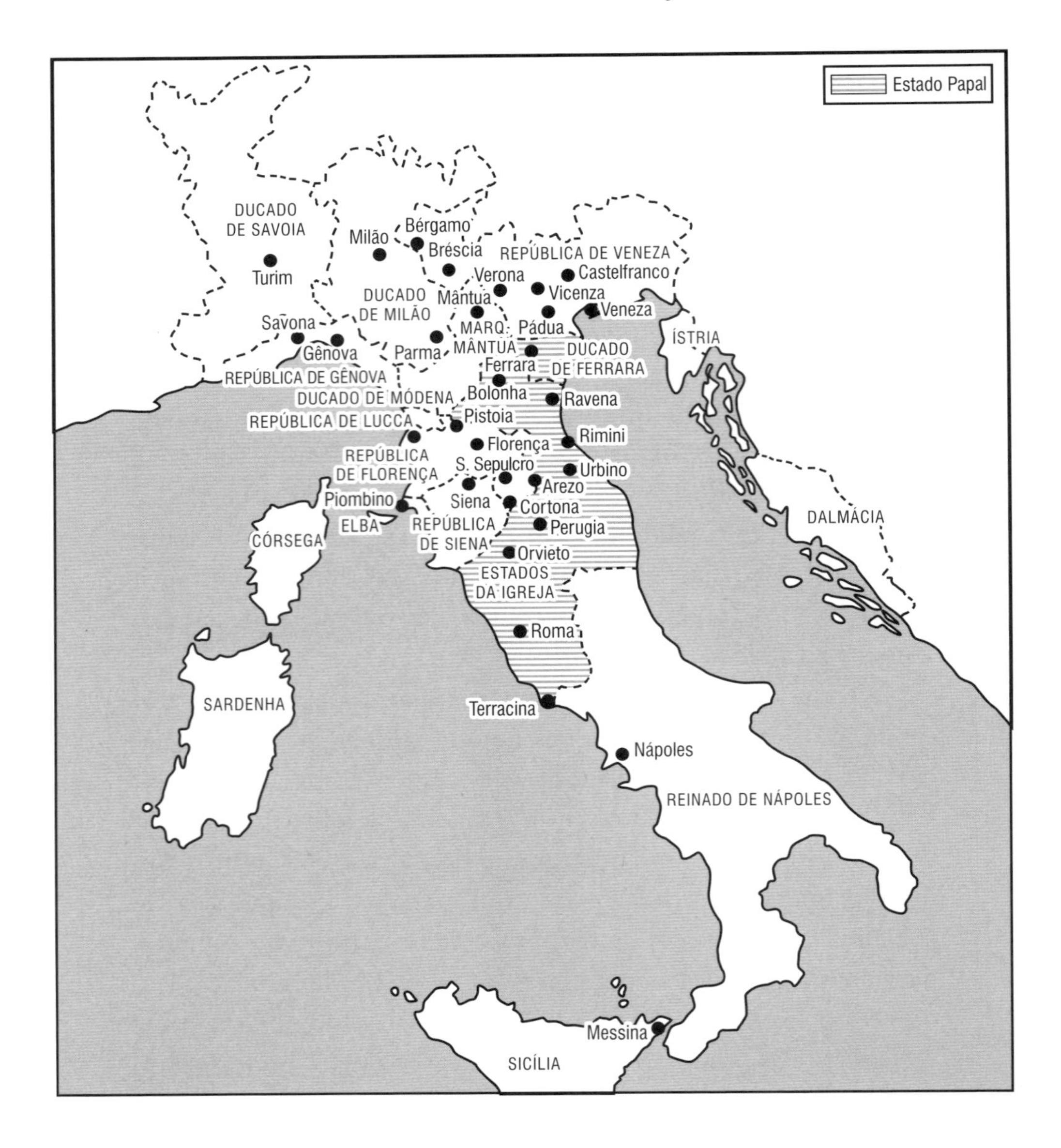

Era natural, portanto, que os monarcas buscassem o apoio, a inspiração e encontrassem parte de seu pessoal junto a essas grandes casas comerciais. Normalmente o acordo incluía a concessão dos direitos de exploração de minas de metais preciosos e ordinários, de sal e alume, o monopólio sobre certos artigos comerciais e o arrendamento da cobrança de impostos. Os lucros e o poder que tais privilégios propiciavam a seus detentores eram extraordinários e faziam com que eles se tornassem verdadeiros patronos dos Estados aos quais se associavam. A casa dos Habsburgo, por exemplo, teve seu destino indissociavelmente ligado ao dos banqueiros Fugger, que financiaram as campanhas de Maximiliano na Itália (1508-17), garantiram a eleição de Carlos V como imperador (1519) e sua guerra contra a França, possibilitaram a formação da liga católica que combateu os protestantes e sustentaram ainda paralelamente o tesouro pontifical e os tronos dos monarcas da Europa Oriental (com exceção da Rússia).

Tem-se, dessa forma, a imagem de um Estado transformado numa vasta empresa e ele próprio dominado por uma ou algumas casas financeiras. E era quase isso. Mas o contrário também era verdadeiro, ao menos para os produtores organizados segundo o modelo das corporações tradicionais: o Estado acaba por submetê-los, todos, paulatinamente, a seu controle. A unificação política significava padronização local e jurídica, e a formação do mercado nacional implicava a equiparação dos preços, dos salários, do ritmo da produção e das características dos produtos. O tempo agora era propício para empresas de um novo tipo. Empresas que recrutavam mão de obra diretamente dentre os camponeses expulsos dos campos pela adoção sistemática das lavouras comerciais e que apresentavam a dupla vantagem de empregar por baixos salários e não serem ligadas a nenhuma corporação. Companhias essas modeladas pelo espírito de iniciativa e ganância de seus empresários, que negociavam diretamente com as sociedades de jornaleiros o valor dos salários e definiam os preços e padrões dos produtos de acordo com as condições da concorrência internacional.

NOVA ORDEM SOCIAL

Nos termos desse quadro, deparamo-nos com uma nova ordem social. Sem a mediação das corporações, empresários e empregados situam-se como indivíduos isolados na sociedade. Seus padrões de ajustamento à realidade passam a ser as condições do mercado, a ordem jurídica imposta e defendida pelo Estado e a livre associação com seus companheiros de interesse. A ruptura dos antigos laços sociais de dependência social e das regras corporativas promove, portanto, a liberação do indivíduo e o empurra para a luta da concorrência com outros indivíduos, conforme as condições postas pelo Estado e pelo capitalismo. O sucesso ou o fracasso nessa nova luta dependeria – segundo Maquiavel, o introdutor da ciência política precisamente nesse momento – de quatro fatores básicos: acaso, engenho, astúcia e riqueza. Para os pensadores renascentistas, os humanistas, a educação seria o fator decisivo.

Nem Maquiavel nem os humanistas estavam longe da verdade. O momento histórico colocava em foco sobretudo a capacidade criativa da personalidade humana. O período é de grande inventividade técnica estimulada pelo desenvolvimento econômico e estimuladora desse desenvolvimento. Criam-se novas técnicas de exploração agrícola e mineral, de fundição e metalurgia, de construção naval e navegação; de armamentos e de guerra. É o momento da invenção da imprensa e de novos tipos de papel e de tintas. Se a introdução de uma nova técnica poderia colocar uma empresa à frente de suas concorrentes, a criação de novas armas colocava os Estados em vantagem sobre os seus rivais. Foi com esse objetivo que Galileu foi contratado pela oligarquia mercantil da República de Veneza e foi esse tipo de préstimo que Leonardo da Vinci ofereceu a Ludovico, o Mouro, senhor de Milão, a fim de entrar para seu serviço.

Esse conjunto de circunstâncias instituiu a prática da observação atenta e metódica da natureza, acompanhada pela intervenção do observador por meio de experimentos, configurando uma atitude que seria mais tarde denominada científica. O objetivo era obter o máximo domínio sobre o meio natural, a fim de explorar-lhe os mínimos recursos em proveito dos lucros de mercado. O instrumento-chave para o domínio da natureza e de seus mananciais, através do qual se poderia condensar sua vastidão e variedade numa linguagem abstrata, rigorosa e homogênea, era a matemática. Nesse campo, os progressos caminhavam rápido, desde a assimilação e difusão dos algarismos arábicos e das técnicas algébricas, tomadas à civilização islâmica. O instrumental matemático era indispensável para efetuar a contabilidade complexa das empresas mercantis e financeiras, ou seja, os cálculos cambiais e os diversos sistemas de juros, empréstimos, investimentos e bonificações.

As pesquisas sobre a tradição da geometria euclidiana acompanhavam de perto os avanços na matemática. E ambas ganharam novas funções com a invenção da luneta astronômica por Galileu. Pôde-se, assim, confirmar a teoria do heliocentrismo (o Sol ocupando o centro do sistema planetário e não a Terra, como acreditavam os homens da Igreja, baseados em Ptolomeu) e a rotundidade do nosso planeta. Mas foi acreditando nessa cosmografia ousada, muito antes ainda de sua confirmação, que

Colombo descobriu a América (1492) e Fernão de Magalhães fez a primeira viagem de volta ao mundo (1519-1521). Graças a essas descobertas, o sistema comercial pôde ampliar-se, até atingir toda a extensão do globo terrestre. Globo que passou a ser rigorosamente mapeado e esquadrinhado por uma rede de coordenadas geométricas, destinada a garantir a segurança e a exatidão das viagens marítimas e o sucesso dos negócios dos mercadores europeus. O desenvolvimento do saber e o do comércio se reforçavam mutuamente.

A matematização do espaço pela cartografia é acompanhada pela matematização do tempo. O ano de 1500 marca significativamente tanto o descobrimento do Brasil quanto a invenção do primeiro relógio de bolso. Os séculos XV e XVI assistiram a uma ampla difusão de relógios públicos mecânicos ou hidráulicos, os quais são instalados nas praças centrais das cidades que desejavam exibir sua opulência e sua dedicação metódica ao trabalho. As pessoas não se movem mais pelo ritmo do sol, pelo canto do galo ou pelo repicar dos sinos, mas pelo tique-taque contínuo, regular e exato dos relógios. A duração do dia não é mais considerada pela posição do sol ou pelas condições atmosféricas, mas pela precisão das horas e dos minutos. Em breve, os contratos não falarão mais de jornada de trabalho, mas prescreverão o número exato das horas a serem cumpridas em troca do pagamento. O próprio tempo tornou-se um dos principais artigos do mercado.

Mas o que pensavam os homens do período sobre essas mudanças? A burguesia, sua grande beneficiária, estava eufórica. A nobreza e o clero, perdendo o espaço tradicional dos feudos, procuram conquistar um novo lugar de destaque junto às cortes monárquicas recém-criadas. Camponeses e artesãos, perdendo a tutela tradicional do senhorio e da corporação, são atirados, na maior parte das vezes, contra a vontade, numa liberdade individual que pouco mais significava que trabalho insano para garantir a sobrevivência nos limites mínimos. Mas e os pensadores, os filósofos, os artistas, os cientistas, numa palavra: os humanistas, esses homens nascidos com as novas condições e destinados a incrementá-las, o que pensavam eles disso tudo? Que partido tomavam? Pensavam por si mesmos ou eram instrumentos pensantes da burguesia que os financiava? A resposta a essas questões é bem mais complexa do que se pode imaginar.

Os humanistas: uma nova visão do mundo

Para começar: a quem é que se costuma chamar de humanistas e o que significa esse título? Embora só se tenha difundido no século XV, esse termo indica um conjunto de indivíduos que desde o século anterior vinha se esforçando para modificar e renovar o padrão de estudos ministrados tradicionalmente nas universidades medievais. Esses centros de formação intelectual e profissional eram dominados pela cultura da Igreja e voltados para as três carreiras tradicionais: direito, medicina e teologia. Estavam, portanto, empenhados em transmitir aos seus alunos uma concepção estática, hierárquica e dogmática da sociedade, da natureza e das coisas sagradas, de forma a preservar a ordem feudal. Mas, conforme já vimos, as transformações históricas foram tão drásticas nesse período que praticamente dissolveram as condições de existência do feudalismo. E as novas circunstâncias impuseram igualmente aos homens que alterassem suas atitudes com relação ao seu destino, à sociedade, à natureza e ao próprio campo do sagrado.

Iniciou-se, assim, um movimento cujo objetivo era atualizar, dinamizar e revitalizar os estudos tradicionais, baseado no programa dos *studia humanitatis* (estudos humanos), que incluíam a poesia, a filosofia, a história, a matemática e a eloquência, disciplina esta resultante da fusão entre a retórica e a filosofia. Assim, num sentido estrito, os humanistas eram, por definição, os homens empenhados nessa reforma educacional, baseada nos estudos humanísticos. Mas o que tinham esses estudos de tão excepcional, a ponto de servirem para reformar o predomínio cultural inquestionável da Igreja e reforçar toda uma nova visão do mundo? Ocorre que esses *studia humanitatis* eram indissociáveis da aprendizagem e do perfeito domínio das línguas clássicas (latim e grego), e mais tarde do árabe, hebraico e aramaico. Assim sendo, deveriam ser conduzidos, centrados exclusivamente sobre os textos dos autores da Antiguidade clássica, com a completa exclusão dos manuais de textos medievais. Significava, pois, um desafio para a cultura dominante e uma tentativa de abolir a tradição intelectual medieval e de buscar novas raízes para a elaboração de uma nova cultura.

INSPIRAÇÃO NA CULTURA ANTIGA

Os humanistas, num gesto ousado, tendiam a considerar como mais perfeita e mais expressiva a cultura que havia surgido e se desenvolvido no seio do paganismo, antes do advento de Cristo. A Igreja, portanto, para quem a história humana só atingira a culminância na Era Cristã, não poderia ver com bons olhos essa atitude. Não quer isso dizer que os humanistas fossem ateus, ou que desejassem retornar ao paganismo. Muito longe disso, o ceticismo toma corpo na Europa somente a partir dos séculos XVII e XVIII. Eram todos cristãos e apenas desejavam reinterpretar a mensagem do Evangelho à luz da experiência e dos valores da Antiguidade. Valores esses que exaltavam o indivíduo, os feitos históricos, a vontade e a capacidade de ação do homem, sua liberdade de atuação e de participação na vida das cidades. A crença de que o homem é a fonte de energias criativas ilimitadas, possuindo uma disposição inata para a ação, a virtude e a glória. Por isso, a especulação em torno do homem e de suas capacidades físicas e espirituais se tornou a preocupação fundamental desses pensadores, definindo uma atitude que se tornou conhecida como antropocentrismo. A coincidência desses ideais com os propósitos da camada burguesa é mais do que evidente.

É preciso, contudo, interpretar com prudência o ideal de imitação (*imitatio*) dos antigos, proposto como o objetivo maior e mais sublime dos humanistas por Petrarca, um de seus mais notáveis representantes. A imitação não seria a mera repetição, de resto impossível, do modo de vida e das circunstâncias históricas dos gregos e romanos, mas a busca da inspiração em seus atos, suas crenças, suas realizações, de forma a sugerir um novo comportamento do homem europeu. Um comportamento calcado na determinação da vontade, no desejo de conquistas e no anseio do novo. Petrarca considerava que a idade de ouro dos antigos, submersa sob o "barbarismo" medieval, poderia e deveria ser recuperada, mas graças à energia e à vontade de seus contemporâneos.

Petrarca insistia, inclusive, em que o próprio latim degenerado, utilizado pela Igreja, devia ser abandonado em favor da restauração do latim clássico dos grandes autores do período pagão. A crítica cultural se desdobra, desse modo, na crítica filológica: o estudo minucioso e acurado dos textos e da linguagem, com vistas a estabelecer a mais perfeita versão e a leitura mais cristalina. O que levou esses autores, por consequência, à consideração das circunstâncias e dos períodos em que foram escritos os textos e ao estudo das características das sociedades e civilizações antigas. A crítica filológica se transforma, portanto, em crítica histórica. É evidente, pois, que os humanistas não demorariam em transferir todo esse saber para suas próprias condições concretas de existência. Estabeleceram, em primeiro lugar, as bases das línguas nacionais da Europa moderna e passaram, em seguida, ao estudo histórico das novas sociedades urbanas e dos novos Estados monárquicos. Eles davam, assim, sua contribuição para a consolidação dos Estados-nações modernos.

CRÍTICA DA CULTURA TRADICIONAL

Crítica cultural, crítica filológica, crítica histórica: a atividade crítica, como se pode ver, foi uma das características mais notáveis do movimento humanista. Uma atividade crítica voltada para a percepção da mudança, para a transformação dos costumes, das línguas e das civilizações. Uma visão, portanto, mais atenta aos aspectos de modificação e variação do que aos de permanência e continuidade. O choque entre esse ponto de vista e o dos teólogos tradicionais, que defendiam os valores da Igreja e da cultura medieval, não poderia ser mais completo. Para esses, nenhuma mudança contava que não fossem as mudanças no interior da alma: a escolha feita por cada um entre o caminho do bem, indicado pelo clero, e o do mal, aconselhado pelas forças satânicas. E o único movimento histórico que contava era aquele que levava da vinda de Cristo ao Juízo Final, permitindo aos homens o retorno ao Paraíso Perdido.

Os teólogos, portanto, tinham toda a preocupação voltada para as almas e para Deus, ou seja, para o mundo transcendente, o mundo dos fenômenos espirituais e imateriais. Os humanistas, por sua vez, voltavam-se para o aqui e o agora, para o mundo concreto dos seres humanos em luta entre si e com a natureza, a fim de terem um controle maior sobre o próprio destino. Por outro lado, a pregação do clero tradicional reforçava a submissão total do homem, em primeiro lugar, à onipotência divina, em segundo, à orientação do clero, e em terceiro, à tutela da nobreza, exaltando no ser humano, sobretudo, os valores da piedade, da mansidão e da disciplina. A postura dos humanistas era completamente diferente, valorizava o que de divino havia em cada homem, induzindo-o a expandir suas forças, a criar e a produzir, agindo sobre o mundo para transformá-lo de acordo com sua vontade e seu interesse.

Dessa forma, se esse título de humanistas identificava inicialmente um grupo de eruditos voltados para a renovação dos estudos universitários, em pouco tempo ele se aplicava a todos aqueles que se dedicavam à crítica da cultura tradicional e à elaboração de um novo código de valores e de comportamentos, centrados no indivíduo e em sua capacidade realizadora, quer fossem professores ou cientistas, clérigos ou estudantes, poetas ou artistas plásticos. Esse grupo de inovadores e de inconformistas não era certamente visto com bons olhos pelos homens e entidades encarregados de preservar a cultura tradicional, mas isso não impediu que alguns atuassem no seio da própria Igreja, principalmente na Itália, próximo ao trono pontifical, onde os papas em geral se comportavam como verdadeiros estadistas, pretendendo dirigir a Igreja como um Estado moderno, cercando-se de um grupo de intelectuais progressistas. De resto, esses homens originais procuravam garantir sua sobrevivência e a continuidade de sua atuação, ligando-se a príncipes e monarcas, às universidades, às municipalidades ricas ou às grandes famílias burguesas, onde atuavam como mestres e preceptores dos jovens.

PERSEGUIÇÕES

O respeito à individualidade deles e à originalidade de pensamento nunca foi uma conquista assegurada. A vida sempre lhes foi cheia de perseguições e riscos iminentes: Dante e Maquiavel conheceram o exílio, Campanella e Galileu foram submetidos a prisão e tortura, Thomas Morus foi decapitado por ordem de Henrique VIII, Giordano Bruno e Étienne Dolet foram condenados à fogueira pela Inquisição, Miguel de Servet foi igualmente queimado vivo pelos calvinistas de Genebra, para só mencionarmos o destino trágico de alguns dos mais famosos representantes do humanismo. Mesmo as constantes viagens e mudanças de Erasmo de Rotterdam e de Paracelso, por exemplo, eram em grande parte motivadas pelas perseguições que lhes moviam seus inimigos poderosos. Sua situação nunca foi realmente segura e mesmo a dependência em que se encontravam de alguma instituição, príncipe ou família poderosa, causava-lhes por vezes constrangimentos humilhantes. Essa a razão por que Erasmo nunca aceitou submeter-se à tutela de nenhum poderoso. É por isso também que Maquiavel dizia, orgulhoso, do humanista: "a ninguém ele estima, ainda que o vejais fazer-se de servo a quem traja um manto melhor que o dele". Nem porque trabalhavam para os poderosos, esses homens se sujeitavam a ser meramente seus instrumentos pensantes. Eram ciosos de sua independência e liberdade de pensamento, às vezes com sucesso e na maior parte das vezes com custos elevadíssimos, senão pagando com a própria vida, como vimos. Para muitos, esse ardor de independência significou a morte na mais completa miséria, abandonados por todas as forças sociais. Esse foi o caso de Camões e de Michelangelo, que morreram à míngua; o pintor e escultor italiano, por exemplo, acabou sua vida miserável, doente e solitário, recusando-se porém a aceitar a encomenda de Paulo IV para que pintasse véus sobre os corpos nus que havia criado para o *Juízo Final* na Capela Sistina do Palácio do Vaticano.

Mas esse mesmo clima de insegurança vivido por todos esses inovadores serviu para que se estabelecesse entre eles um laço de solidariedade internacional, através de toda a Europa, reforçado por trocas de correspondências, viagens, hospitalidade, trocas de informações, livros e ideias, a circulação dos principiantes e dos discípulos, a formação de cenáculos, envolvendo eruditos de diferentes origens nas principais universidades. Essa rede de relações lhes dava uma nova dimensão de apoio e de identificação, que tentava defender e socorrer os confrades em apuros sempre que isso fosse possível. Era também um campo fértil de estímulos, de estudos e de divulgação, que se tornou ainda mais eficaz com os progressos das técnicas de imprensa. Assim, o humanismo, que se iniciou como um movimento típico das cidades italianas no século XV, já ganhava as principais cidades e capitais da Europa do norte, adquirindo uma amplitude que seus promotores pretendiam que fosse universal.

Um gabinete de História Natural, gravura de autor anônimo
que ilustra a obra *Dell'Historia Naturale* (1599, Nápoles), de Ferrante Imperato.

DIVERSIDADE

A essa universalidade do humanismo corresponderia, entretanto, uma unidade de pontos de vista dentre seus representantes? Na verdade, como todos esses pensadores partiam do pressuposto do respeito à individualidade de cada um, houve inúmeras correntes diferentes dentro do humanismo, cada qual pretendendo interpretar a mensagem dos antigos e o estudo da realidade atual a partir do ponto de vista que lhe parecesse mais adequado. Isso deu origem a diversas tendências do movimento, que se distinguiam entre si quer pela tradição filosófica da Antiguidade a que se ligavam (platonismo, aristotelismo), quer pela temática que abordavam de preferência (estudo da natureza, estudo da história, estudo da personalidade humana, estudo da matéria religiosa), quer pela prática a que se dedicavam (política, pesquisa científica, arte, poesia). O que não quer dizer que vários pensadores não tenham explorado mais de uma dessas tendências simultaneamente, o que, aliás, parecia ser a postura mais comum.

O palco mais prodigioso da efervescência renascentista foi sem dúvida a riquíssima cidade italiana de Florença. Ali se definiu desde cedo uma das mais significativas correntes do pensamento humanista: o platonismo, cheio de consequências para toda a história das ideias e da arte do período. Introduzido por Nicolau de Cusa, o platonismo ganharia força e um efeito decisivo sobre a produção cultural desse período graças à atuação da Academia de Florença, onde se destacavam como seus grandes divulgadores Marsilio Ficino, Pico della Mirandola, Policiano e Luigi Pulci. O aspecto mais característico e notável do platonismo florentino consistia no seu espiritualismo difuso, condensado na filosofia da beleza. Todo o belo é uma manifestação do divino. Assim sendo, a exaltação, o cultivo e a criação do belo consistem no mais elevado exercício de virtude e no gesto mais profundo de adoração a Deus. A produção do belo através da arte é o ato mais sublime de que é capaz o homem. Mas a arte não é a mera imitação da natureza, e sim sua superação no sentido da perfeição absoluta. Uma tal superação da natureza só seria possível por um conhecimento mais rigoroso de suas leis e propriedades, que permitisse transpô-la com a máxima harmonia nas obras de arte mediante a elaboração matemática precisa.

Os rivais mais próximos dos florentinos eram os intelectuais da Escola de Pádua, ligados à tradição aristotélica. Estando sob a influência da república independente de Veneza, onde a força da Igreja havia muito fora minimizada, Pádua tornou-se um centro de estudos voltado principalmente para a medicina e os fenômenos naturais, desligado de preocupações teológicas. Por essa razão, o aristotelismo dos paduanos não se ligava ao racionalismo de fundo teológico de São Tomás de Aquino, comum nas universidades europeias, mas ao racionalismo naturalista de Averróis, o grande comentador árabe da obra de Aristóteles. Nessa linha, eles desenvolveram um pensamento e uma atividade voltados para o estudo e a observação da natureza, acompanhados de experimentos e de pesquisa empírica, fundando assim um procedimento que poderíamos já chamar de científico e cujos desdobramentos nos trazem até a época contemporânea. Seus maiores representantes foram Giacomo Zabarella e Pietro Pomponazzi, mas não podemos esquecer que estudiosos como Copérnico, William Harvey e Galileu tiveram também seu período de trabalho junto à Universidade de Pádua. Os paduanos levaram seu naturalismo a ponto de romper com alguns dos dogmas fundamentais da Igreja, acreditando, junto com Averróis, na supremacia natural da razão, negando a criação, a imortalidade da alma e os milagres. Essas atitudes eram extremamente ousadas para a época e levaram os livros de Pomponazzi a serem queimados em praça pública e Galileu a escapar por pouco da mesma fogueira.

O desenvolvimento de uma atitude que hoje se poderia chamar de científica deve ser compreendido, portanto, como um aspecto indissociável de todo o conjunto da cultura renascentista. Se com Copérnico a astronomia e a cosmologia eram ainda um campo teórico, mais explorado pela matemática e pela reflexão dedutiva, com Galileu e Kepler, pouco mais de 50 anos após, elas já eram objeto de observações sistemáticas e apoiadas por instrumentos e experimentos arrojados. A mesma evolução ocorre nos demais domínios do saber: Vesálio funda as bases da moderna anatomia através de suas dissecações de cadáveres; William Harvey demonstra o mecanismo da circulação sanguínea por meio da observação direta e da comprovação empírica; Agrícola desenvolve pesquisas mineralógicas diretamente aplicáveis às técnicas de prospecção e mineração; Leonardo da Vinci elabora pesquisas teóricas e projetos práticos nos campos da hidráulica e da hidrostática; o mesmo faz Brunelleschi com a arquitetura e as técnicas de construção.

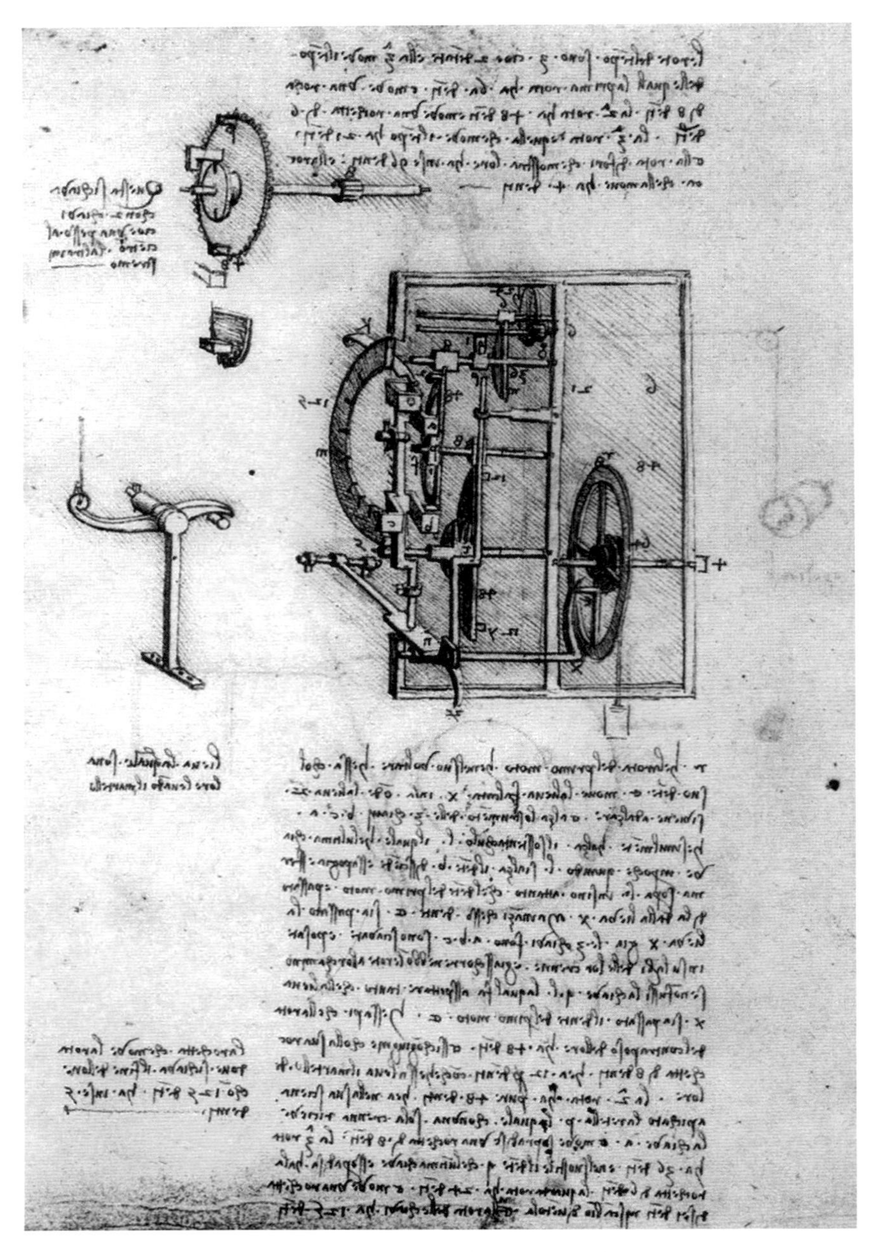

Mecanismo de relógio movido a peso (c. 1495-97), projetado por Leonardo da Vinci.

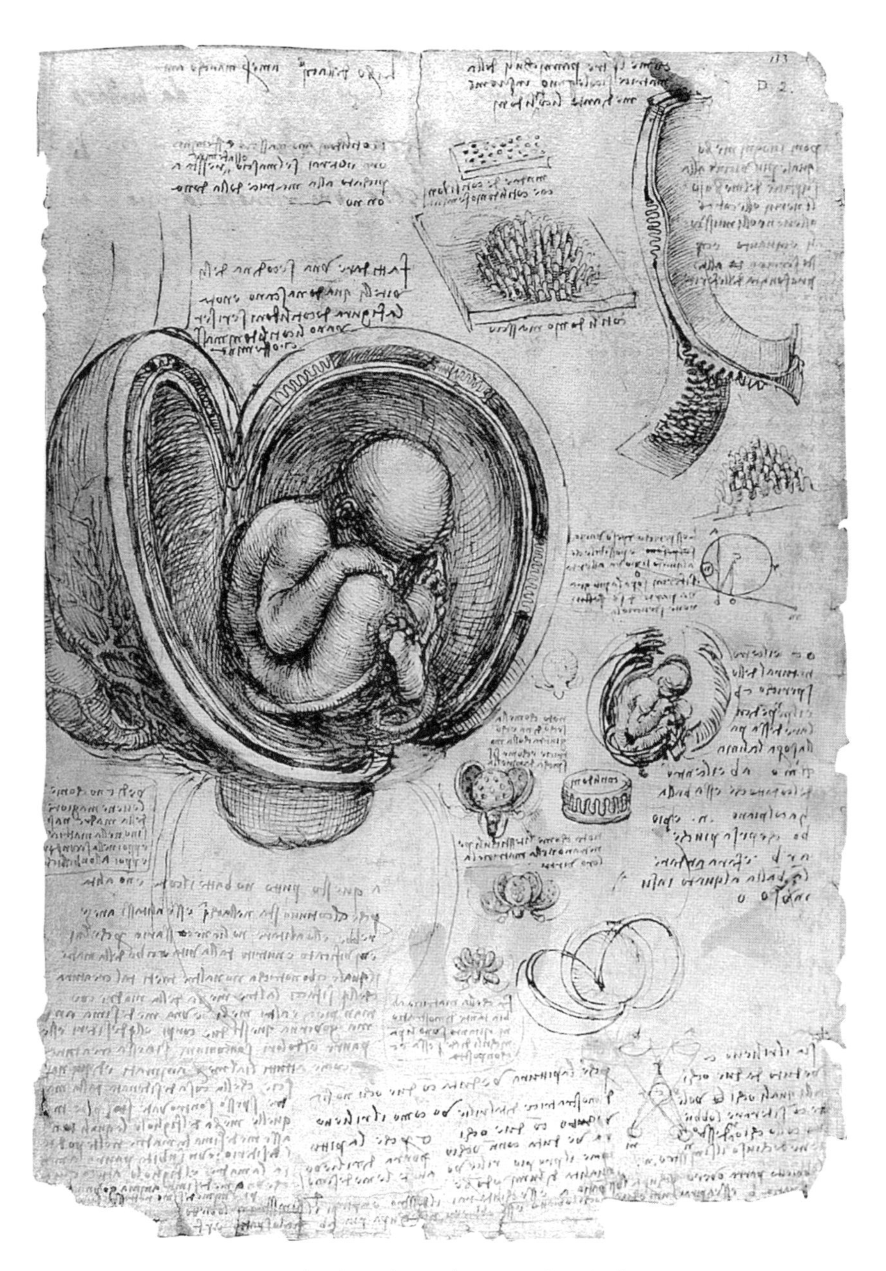

Estudos de embriões humanos (c. 1509)
feitos por Leonardo da Vinci.

Os exemplos são intermináveis. A palavra de ordem dentre esses estudiosos era o abandono das velhas autoridades e preconceitos e a aceitação somente daquilo que fosse possível comprovar pela observação direta. Paracelso, o maior experimentalista do período, renegou completamente o saber dos livros e das universidades, vivendo isolado junto à natureza numa investigação incansável de todos os fenômenos que lhe chamavam a atenção. Tratava-se da fundação de uma nova concepção do saber, completamente aversa aos dogmas medievais e voltada toda ela para o homem e para os problemas práticos que seu momento lhe colocava. A avidez de conhecimentos se torna tão intensa como a avidez do poder e do lucro, e na verdade as três passam a estar indissociavelmente ligadas na nossa sociedade.

RELIGIÃO RENOVADA E ORDEM POLÍTICA ESTÁVEL

No campo da fé, a interiorização e a individualização da experiência religiosa eram também exigências peculiares aos humanistas, que lutavam por uma religião renovada. O chamado humanismo cristão, ou filosofia de Cristo, desenvolveu-se principalmente no norte da Europa, centralizado na figura de Erasmo de Rotterdam e de seus companheiros mais próximos, como Thomas Morus e John Colet. A obra de Erasmo, o *Elogio da loucura*, constitui o texto mais expressivo desse movimento. Todo repassado de fina ironia, ele ataca a imoralidade e a ganância que se haviam apossado do clero e da Igreja, o formalismo vazio a que estavam reduzidos os cultos, a exploração das imagens e das relíquias, o palavrório obscuro dos teólogos, a ignorância dos padres e a venda das indulgências. Segundo essa corrente, o cristianismo deveria centrar-se na leitura do Evangelho (Erasmo publicou em 1516 uma edição do Novo Testamento, apurada pela crítica filológica), no exemplo da vida de Cristo, no amor desprendido, na simplicidade da fé e na reflexão interior. Era já o anseio da reforma da religião, do culto e da sensibilidade religiosa que se anunciava e que seria desfechada de forma radical, fracionando a Cristandade, por outros humanistas, como Lutero, Calvino e Melanchton.

Outro tipo de preocupação comum aos renascentistas dizia respeito às leis que regiam o destino histórico dos povos e o processo de formação de sistemas estáveis de ordem política. Essa especulação se configurou com maior nitidez sobretudo nas cidades italianas, onde os períodos de ascensão e declínio da hegemonia das várias repúblicas oscilavam constantemente e onde as formas republicanas, desde o século XIV, vinham sendo ameaçadas pela força de oligarcas e ditadores militares, os *condottieri*. Os paduanos Albertino Musato e Marsilio de Pádua, já por volta do início do século XIV, consideravam que eram os homens, e não a Providência Divina, os responsáveis pelo sucesso ou fracasso de uma comunidade civil em organizar-se, prosperar e expandir-se. Marsilio ia ainda mais longe e insistia em que a comunidade civil se constituía com vistas à realização e à defesa dos interesses de seus membros, em cujas mãos, em última instância, repousava todo o poder político. Assim sendo, nem os homens existiam e se reuniam para adorar a Deus, nem era ele o fundamento de toda autoridade. Surge, pois, uma concepção social e uma teoria política completamente materialistas e utilitárias.

Na geração seguinte, de meados do século XIV ao início do XV, seriam os florentinos que fariam avanços nessas posições. Lutando contra os avanços de Milão ao norte e com conflitos sociais internamente, os chanceleres humanistas de Florença, Coluccio Salutati e Leonardo Bruni, revivem a lenda de que a cidade era a "filha de Roma" e a herdeira natural de sua tradição de liberdade, justiça e ardor cívico. Conclamam assim seus concidadãos a lutar pela preservação dessa tradição, pois, se a autoridade política desmoronasse e a cidade perdesse a independência, o segredo da civilização superior de Florença, seu respeito às liberdades e iniciativas individuais e a seleção dos melhores talentos seriam corrompidos pelos "bárbaros". O fim de Florença seria o fim da cultura humanista e o fim do homem livre. Foi esse o mesmo medo que levou Maquiavel a escrever o seu *O Príncipe*, uma espécie de manual de política prática, destinado a instruir um estadista sobre como conquistar o poder e como mantê-lo indiferente às normas da ética cristã tradicional. Para Maquiavel, a única forma de garantir a paz e a prosperidade da Itália, ameaçada pelas lutas internas e pela cobiça simultânea dos monarcas do Império Alemão, da França e da Espanha, seria a unificação nacional sob a égide de um líder poderoso.

OS UTOPISTAS

A reflexão histórica e social e a ciência política, como se vê, nasceram juntas no Renascimento, num encontro que não foi meramente casual. Desse mesmo cruzamento de interesses nasceria outra corrente de pensamento tão original quanto ousada: os utopistas. As obras mais notáveis nesse gênero são a *Utopia* (1516), de Thomas Morus, a *Cidade do Sol* (1623), de Campanella, e a *Nova Atlântida* (1626), de Francis Bacon. As três obras tratam do mesmo tema: concebem uma comunidade ideal, puramente imaginária, onde os homens vivem e trabalham felizes, com fartura, paz e mantendo relações fraternais. Todas essas comunidades contam com um poder altamente centralizado, porém justo, racional e inspirado, o que o torna plenamente legítimo e incontestável para os membros da sociedade. Essas utopias refletem modelos basicamente urbanos, dispostos numa arquitetura geométrica em que cada detalhe obedece a um rigor matemático absoluto. Nessas comunidades-modelo, a harmonia social deve ser uma derivação da perfeição geométrica do espaço público. Por trás desses projetos utópicos, o que se percebe é um desejo de abolição da imprevisibilidade da história e da violência dos conflitos sociais. Seus autores revelam um nítido desejo de planificação total das relações sociais e produtivas e a perpetuação da ordem política racional. Um sonho muito caro para a camada que se arrogava agora o monopólio da razão.

Como se pode perceber, são múltiplos os caminhos do pensamento renascentista e certamente a variedade, a pluralidade de pontos de vista e opiniões, foi um dos fatores mais notáveis da sua fertilidade. Grande parte das trilhas que foram abertas aí, nós as percorremos até hoje. É inútil querer procurar uma diretriz única no humanismo ou mesmo em todo o movimento renascentista: a diversidade é o que conta. Fato que, de resto, era plenamente coerente com sua insistência sobre a postura crítica, o respeito à individualidade, seu desejo de mudança. A concepção de que tudo já está realizado no mundo e que aos homens só cabem duas opções, o pecado ou a virtude, não faz mais sentido. O mundo é um vórtice infinito de possibilidades e o que impulsiona o homem não é representar um jogo de cartas marcadas, mas confiar na energia da pura vontade, na paixão de seus sentimentos e na lucidez de sua razão. Enfim, o homem é a medida de si mesmo e não pode ser tolhido por regras, deste ou do outro mundo, que limitem suas capacidades. E se cada indivíduo é um ser contraditório entre as pressões de sua vontade, de seus sentimentos e de sua razão, cabe a cada um encontrar sua resposta para a estranha equação do homem. As disputas, as polêmicas, as críticas entre esses criadores são intensas e acaloradas, mas todos acatam ciosos a lição de Pico della Mirandola: a dignidade do homem repousa no mais fundo da sua liberdade.

A nova concepção nas artes plásticas

Sempre que se evoca o tema do Renascimento, a imagem que imediatamente nos vem à mente é a dos grandes artistas plásticos e de suas obras mais famosas, amplamente reproduzidas e difundidas até nossos dias, como a *Monalisa* e a *Última ceia* de Leonardo da Vinci, o *Juízo Final*, a *Pietà* e o *Moisés* de Michelangelo, assim como as inúmeras e suaves *Madonas* de Rafael que permanecem ainda como o modelo mais frequente de representação da mãe de Cristo. Isso nos coloca a questão: por que razão o Renascimento implica esse destaque tão grande dado às artes visuais? Como veremos, de fato, as artes plásticas acabaram se convertendo num centro de convergência de todas as principais tendências da cultura renascentista. E, mais do que isso, acabaram espelhando, através de seu intenso desenvolvimento nesse período, os impulsos mais marcantes do processo de evolução das relações sociais e mercantis.

Conforme verificamos, a nova camada burguesa, pretendendo impor-se socialmente, precisava combater a cultura medieval, no interior da qual ela aparecia somente como uma porção inferior e sem importância da população. Era, pois, necessário construir uma nova imagem da sociedade na qual ela, a burguesia, ocupasse o centro e não as margens do corpo social. Assim sendo, as grandes famílias que prosperavam com os negócios bancários e comerciais e os novos príncipes e monarcas começam a utilizar uma parte da sua riqueza para a construção de palácios no centro das cidades; igrejas, catedrais e capelas, na entrada das quais colocavam seus brasões e em cujo interior enterravam seus mortos; estátuas gigantescas colocadas nas praças e locais públicos com as quais homenageavam seus fundadores e seus heróis; e, de resto, quadros, gravuras, afrescos, que adornavam os recintos particulares e alguns prédios públicos, em que costumavam aparecer em grande destaque em meio aos santos ou às cenas do Evangelho, ou mesmo retratados em primeiro plano, predominando sobre uma cidade ou uma vasta região que aparecia em ponto menor ao fundo.

Esses financiadores de uma nova cultura – burguesia, príncipes e monarcas – eram chamados mecenas, isto é, protetores das artes. Seu objetivo não era somente a autopromoção, mas também a propaganda e difusão de novos hábitos, valores e comportamentos. Mais do que sua imagem, que podia ou não aparecer nas obras, o que elas deveriam veicular era uma visão racional, dinâmica, progressista, otimista e opulenta do mundo e da sociedade. Uma visão na qual o modo de vida e os valores da burguesia e do poder centralizado aparecessem como única forma de vida e o conjunto de crenças mais satisfatório para todas as pessoas. Essa luta cultural deve ser compreendida, portanto, como uma das dimensões da luta da burguesia para afirmar-se diante do clero e da nobreza e de seus ideais de submissão piedosa e da cavalaria medieval.

Monalisa (obra iniciada em Florença, Itália, em 1503), por Leonardo da Vinci.
[Museu do Louvre, Paris]

A produção artística, portanto, acaba se tornando um dos focos principais desse confronto. As atividades e os campos de reflexão que mais preocupavam os pensadores renascentistas aparecem condensados nas artes plásticas: a filosofia, a religião, a história, a arte, a técnica e a ciência. Acompanhando a intenção da burguesia de ampliar seu domínio sobre a natureza e sobre o espaço geográfico, por meio da pesquisa científica e da invenção tecnológica, os cientistas também iriam se atirar nessa aventura, tentando conquistar a forma, o movimento, o espaço, a luz, a cor e mesmo a expressão e o sentimento. A arte renascentista é uma arte de pesquisa, de invenções, inovações e aperfeiçoamentos técnicos. Ela acompanha paralelamente as conquistas da física, da matemática, da geometria, da anatomia, da engenharia e da filosofia. Basta lembrar a invenção da perspectiva matemática por Brunelleschi, ou seus instrumentos mecânicos de construção civil, ou os instrumentos de engenharia civil ou militar inventados por Leonardo da Vinci, ou as pesquisas anatômicas de Michelangelo, ou o aperfeiçoamento das tintas a óleo pelos irmãos Van Eyck, ou os estudos geométricos de Albrecht Dürer, entre tantos outros.

A ARTE MEDIEVAL

Mas, para que se possam destacar as peculiaridades da arte renascentista, antes conviria que se apresentasse uma indicação breve e elementar das características da arte medieval, com a qual ela iria formar um vivo contraste, tomando-a como um padrão de exclusão, ou seja, considerando-a como o conjunto de valores técnicos, estéticos e filosóficos a serem negados. A arte mais típica da cultura medieval do Ocidente europeu foi o estilo românico. Denso, pesado, com suas catedrais em forma de fortalezas militares – o que de fato eram –, os artistas do românico representavam as imagens de um ponto de vista simbólico, abstrato, sem nenhuma consideração para com as características reais das coisas e dos seres representados, tais como tamanho, volume, forma, proporções, cor, movimento etc. Suas figuras, exclusivamente religiosas, eram estáticas, de formas e expressões invariáveis, de volumes e dimensões uniformes, apareciam sobretudo nas esculturas e relevos que faziam parte da própria arquitetura das catedrais e dos monumentos mortuários, daí seu aspecto sólido e maciço, como que constituindo pequenos pilaretes perdidos no conjunto da construção arquitetônica. As figuras eram chapadas contra o fundo, quase suprimindo a ideia de espaço. Uma arte estática, rústica, inalterável e sagrada, como a sociedade que ela representava.

O românico prevaleceu por toda a Alta Idade Média, mas na última fase do período medieval aparece o gótico, uma arte de raiz germânica e que, portanto, penetra pelo norte da Europa. Se bem que mantenha algumas características do românico, o estilo gótico traz consigo a leveza e a delicadeza das miniaturas e o policromatismo da arte autenticamente popular. Sua difusão ajuda a romper com a rigidez do românico, e as catedrais ganhariam uma nova concepção, baseada na leveza dos arcos ogivais e na sutileza da iluminação dos vitrais, dinâmicos e multicoloridos. Começava-se a ganhar em termos de espaço, movimento, luz e cor.

Igreja em estilo românico com detalhes de escultura
(igreja de Notre Dame La Grande, século XII). [Poitiers, França]

A região da península itálica, ao sul, entretanto, permanecia ainda sob a forte influência da arte bizantina, presa, pois, a uma concepção iconizada da imagem, exclusivamente religiosa e rigorosamente ligada a normas fixas de composição, como o hieratismo (forma rígida e majestosa imposta por uma tradição invariável), a frontalidade (obrigação de só representar as imagens de frente), o tricromatismo (normalmente o azul, o dourado e o ocre), a isocefalia (todas as cabeças de uma série com a mesma altura), a isodactilia (todos os dedos de uma mesma mão com o mesmo tamanho) e a hierarquia dos espaços (com o destaque variando das figuras mais sagradas para as menos sagradas). Mais do que normas, esses requisitos da imagem eram dogmas religiosos; rompê-los era sacrilégio, acarretando a destruição da obra e a punição do artista.

Arquitetura em estilo gótico com arcos e vitrais
(igreja Saint Chapelle vista por dentro, século XIII). [Paris, França]

De qualquer forma, nesses três estilos, a arte era concebida como um instrumento didático. Num universo social de analfabetos (praticamente só o clero sabia ler e escrever), eram as imagens, vistas pelos fiéis ao longo de toda a igreja, por dentro e por fora, que transmitiam e repetiam imutáveis as lições da teologia cristã. A arte não tinha, pois, um fim em si mesma e não guardava nenhuma relação necessária com a realidade concreta e cotidiana do mundo; ao contrário, era preciso transcender as imagens para, além delas, encontrar a doutrina e a verdadeira salvação. As imagens eram apenas uma inspiração e um convite para que a meditação se dirigisse ao mundo espiritual e celestial, o único que contava, guiada pela palavra do clero e assegurada pelo braço da nobreza.

NORTE DA ITÁLIA: BERÇO DO RENASCIMENTO

Devido a suas condições históricas particularmente favoráveis, conforme já vimos, a região do norte da Itália pode ser considerada o berço da arte renascentista. Um variado cruzamento de influências concorreu para esse fim. O desenvolvimento da espiritualidade franciscana junto aos grupos populares, envolvendo uma atitude mística e ascética, porém voltada para a realidade material do mundo, a contemplação da natureza, o otimismo da vida e a beleza dos elementos. A difusão do neoaristotelismo nos meios cultos a partir da Escola de Pádua. A penetração do gótico através da intensificação das trocas comerciais com o norte da Europa. O aumento da curiosidade pela arte e cultura clássica a partir do surgimento do humanismo. Por toda parte, a palavra de ordem era "viver mais pelo sentido do que pelo espírito". Com base nesse jogo de fatores, mestres pintores como Cimabue e Duccio, já na segunda metade do século XIV, passaram a dar às suas imagens um toque mais humanizado, dando maior expressão às figuras, demonstrando ainda a preocupação de produzir uma certa ilusão de espaço e movimento em suas composições. O sucesso alcançado por sua arte foi imediato, ela vinha ao encontro da nova sensibilidade das camadas urbanas e com ela iniciou-se o *dolce stil nuovo* (doce estilo novo).

O primeiro grande mestre desse estilo, porém, seria Giotto. Elaborando o universo dinâmico e colorido do gótico com a noção de paisagem típica da arte bizantina e o frescor humano e naturalista da sensibilidade franciscana, esse pintor criaria uma arte original que encantou os homens de seu tempo. As personagens de suas pinturas preservavam sua individualidade, tendo cada qual traços fisionômicos, vestes e posturas diferenciadas e sempre muito expressivas de seu estado de espírito. Giotto procurava ainda destacar o volume de suas imagens em toda a grandeza de sua tridimensionalidade. E temos aí o fato mais prenhe de consequências: ao definir o volume tridimensional de suas figuras, Giotto teve que desenvolver uma concepção mais nítida de espaço, dando um efeito de profundidade em suas composições. Rompia assim com o tradicional fundo dourado, contra o qual as figuras góticas e bizantinas ficavam chapadas, o que eliminava a noção de espaço, reduzindo a figuração a um plano bidimensional e fechado. Essa nova concepção do espaço em profundidade, ou em perspectiva, será o eixo de toda a nova pintura praticamente até fins do século XIX. Inovações semelhantes a essas apareciam quase simultaneamente na Boêmia, na Alemanha, na França e em Flandres, em parte como evolução do gótico e em parte como imitação da pintura italiana. Seus introdutores no norte seriam mestres como Dirk Barts, Petrus Christus, Bertram, Francke e principalmente os irmãos Limbourg e Jan van Eyck.

Detalhe de *A Morte de São Francisco de Assis* (c. 1325), afresco feito por Giotto.
[Basilica di Santa Croce, Florença, Itália]

PERSPECTIVA INTUITIVA

Segundo o comentário do pintor Albrecht Dürer, a expressão perspectiva significa "ver através". Essa impressão inédita de olhar-se para uma parede pintada e parecer que se vê para além dela, como se ali tivesse sido aberta uma janela para um outro espaço, o espaço pictórico, era o principal efeito buscado pelos novos artistas. A pintura tradicional, gótica ou bizantina, praticamente se restringia ao plano bidimensional das paredes, produzindo no máximo um efeito decorativo. O novo estilo artístico multiplicava o espaço dos interiores e, com a preocupação de dar às pessoas, aos objetos e às paisagens retratados a aparência mais natural possível, parecia multiplicar a própria vida. Uma arte desse tipo impressionava muito mais os sentidos que a imaginação, convidava muito mais ao desfrute visual do que à meditação interior. Era uma arte que remetia o homem ao próprio homem e o induzia a uma identificação maior com seu meio urbano e natural, ao contrário dos estilos medievais que predispunham as pessoas a penetrarem nos universos imateriais das hostes celestiais. A arte renascentista, portanto, mantinha uma consonância muito maior com o modo de vida implantado no Ocidente europeu com o incremento das relações mercantis e o desenvolvimento das cidades.

Linhas de perspectiva da obra *Última Ceia* (1495-98),
afresco feito por Leonardo da Vinci.
[Igreja de Santa Maria delle Grazie, Milão, Itália]

TÉCNICA DO "OLHO FIXO"

Contudo, as técnicas de perspectiva introduzidas por Duccio, Giotto e pelos mestres franco-flamengos careciam ainda de um acabamento mais rigoroso, já que nem todas as dimensões do espaço retratado se submetiam à mesma orientação de profundidade. Sua técnica foi por isso denominada perspectiva intuitiva. A invenção da perspectiva matemática, ou "perspectiva exata", em que todos os pontos do espaço retratado obedecem a uma norma única de projeção, deveu-se com uma grande dose de certeza a Filippo Brunelleschi, arquiteto florentino, por volta de 1420. Baseado no teorema de Euclides, que estabelece uma relação matemática proporcional entre o objeto e sua representação pictórica, Brunelleschi instituiu a técnica do "olho fixo", que observa o espaço como que através de um instrumento óptico e define as proporções dos objetos e do espaço entre eles em relação a esse único foco visual. Assim, o plano do quadro é interpretado como sendo uma "intersecção da pirâmide visual'" cujo vértice consiste no olho do pintor e a base na cena retratada, estabelecendo-se desse modo uma construção geométrica rigorosa, cujos elementos e cujas relações são matematicamente determinados. Esse método obteve de imediato uma tal aceitação dos pintores, por sua qualidade de lhes propiciar total controle do espaço representado, que foi denominado "construção legítima". Ele seria aperfeiçoado pelo arquiteto Leon Battista Alberti em seu *Tratado de pintura*, de 1443, que simplificaria o trabalho do pintor, propondo a elaboração da perspectiva em razão de dois esquemas básicos: planta e elevação, que são depois combinados para produzir o efeito de profundidade desejado. Assim facilitado, o método se difundiria com notável rapidez e se tornaria uma das características fundamentais da arte renascentista e de todo o Ocidente europeu até o início de nosso século.

Como efeito da utilização dessa perspectiva central, ou perspectiva linear, todo o espaço pictórico fica subordinado a uma única diretriz visual, representada pelo ponto de fuga, ou seja, quanto maior a distância com que os objetos e elementos são percebidos pelo olhar do pintor, tanto menores eles aparecem no quadro, de forma que todas as linhas paralelas da composição tendem a convergir para um único ponto no fundo do quadro, que representa o próprio infinito visual. Obtém-se assim uma completa racionalização do espaço e das figuras pintadas, o que dá aos quadros um tom de uniformidade e homogeneidade em que nada, nem o mínimo detalhe, escapa ao controle geométrico matemático do artista. A imagem fica claramente definida em razão desses dois referenciais básicos: o "olhar fixo" do pintor fora do quadro e o ponto de fuga no seu fundo. Quem quer que observe a obra, deverá colocar-se exatamente na posição do olhar do artista e terá sua observação dirigida necessariamente pela dinâmica que o ponto de fuga impõe à totalidade da obra. À liberação do olhar do artista corresponde, desse modo, a subordinação do olhar do observador, a quem só fica aberta a possibilidade de uma única leitura da obra.

A essa altura, a composição de uma obra pictórica implicava sofisticação que não estava mais ao alcance do artesão comum. De fato, a elaboração da perspectiva linear envolvia necessariamente o domínio de noções bastante profundas de matemática, geometria e óptica. As diferenças de coloração impostas pela profundidade (quanto mais distantes os elementos representados, mais opacos e diluídos eles ficam), os jogos de luz e sombra, de tons e meios-tons, impunham por sua vez um estudo minucioso do fenômeno da luz, do reflexo, da refração, das cores e, portanto, das tintas, dos pincéis e das telas. A representação realista da figura humana, por sua vez, exigia um domínio completo sobre a anatomia do corpo, os recursos do movimento e a psicologia das expressões. Nessas condições, o pintor já não era um artesão, mas um cientista completo, como Leonardo, Michelangelo, Dürer e tantos outros. Abre-se um enorme fosso entre a arte voltada para a elite e presa a todos esses procedimentos científicos e a arte popular, a que se habituou chamar de primitiva.

ARTE E CIÊNCIA

Brunelleschi foi o primeiro a exigir que as artes plásticas saíssem do universo do artesanato e entrassem para o círculo da cultura superior, ao lado da poesia, da filosofia, da teologia, da matemática e da astronomia. E não era sem sentido sua exigência. Com efeito, podemos verificar que o desenvolvimento artístico acompanhava paralelamente o desenvolvimento científico. O esforço de toda a nova astronomia de Copérnico, Nicolau de Cusa e Galileu era no sentido de contestar a hierarquização e a finitude do espaço cósmico, conforme proposto por Aristóteles e Ptolomeu e reiterado pela Igreja. O sonho desses astrônomos, nas palavras de Descartes, era reduzir a ciência astronômica à matemática e demonstrar a definição incomensurável do espaço e dos corpos estelares. Ora, o que fizeram os pintores com a introdução da técnica da perspectiva linear foi justamente a redução do espaço pictórico a um conjunto de relações matemáticas e a sua projeção para o infinito indicado pelo ponto de fuga, ao invés do espaço fechado do mundo gótico e bizantino. Não havia mais como separar a arte e a ciência, ambas representavam a vanguarda da aventura burguesa da conquista de um mundo aberto e de riquezas infinitas.

Um fato notável e que não pode ser tomado como meramente casual é que dois dos maiores perspectivistas do Renascimento, Brunelleschi, o criador do método, e Dürer, que escreveu os mais completos tratados sobre a teoria das proporções humanas, haviam sido relojoeiros e tinham uma longa prática na construção de relógios. Daí sua grande habilidade com o cálculo, o projeto, a mecânica e a precisão rigorosa. A visão fixa e monocular tornou-se, por sua vez, uma prática habitual com a utilização de instrumentos ópticos de origem árabe, destinados à mensuração geométrica e aos cálculos matemáticos, como a alidade, utilizados por astrônomos, engenheiros, arquitetos, construtores civis e navais, relojoeiros, navegadores e matemáticos. A perspectiva linear, portanto, deriva de uma série de práticas e procedimentos que já se haviam tornado habituais para a nova elite burguesa. Eis por que ela assimilou de imediato essa forma de representação do espaço e passou a considerá-la a única forma exata e possível.

Tratava-se, no entanto, apenas de uma possibilidade dentre várias. A perspectiva linear absolutamente não corresponde à complexidade psicofisiológica da visão humana. Para começar, a visão humana é bifocal e não monocular; ela é também dinâmica – formando imagens através de movimentos constantes – e não fixa, e, devido ao formato esferoide do globo ocular, percebe a realidade através de planos curvos e não retilíneos, como na perspectiva geométrica. A grande vantagem desse método para os pintores renascentistas consistia no princípio da unidade nele implícito. O espaço na arte medieval era criado pela justaposição de imagens, composta em paralelismos coordenados ou em sequência livre, de forma que o observador deveria movimentar-se o tempo todo para observar o conjunto, mudando sempre seu foco óptico. Já o espaço da arte renascentista é rigorosamente concentrado, sendo a visão de conjunto da obra simultânea e não desdobrada como no outro. O seu princípio fundamental é, pois, o da unidade e da unificação: unidade de espaço, unidade de tempo, unidade de tema e unidade de composição sob os cânones unificados das proporções. Nada mais adequado a um mundo marcado pelos esforços da unificação: unificação política sob as monarquias nacionais, unificação geográfica mediante o mapeamento de todo o globo terrestre, unificação da natureza sob o primado das leis universais.

Escola de Atenas (1510), afresco feito por Rafael Sanzio.
[Palácio Apostólico, Vaticano, Itália]

CRIAÇÃO INDIVIDUALIZADA

Esse zelo racional totalizante de que os artistas pretendem cercar as obras de arte é uma indicação segura da concepção da arte científica que se origina com Brunelleschi e principalmente com Alberti, o primeiro a teorizar que a matemática é o terreno comum da arte e da ciência. Nasce daí um novo orgulho de artista – a pretensão de desfrutar uma dignidade social e cultural superior. Do âmago de sua liberdade ele escolhe o ponto de vista que vai fixar na tela para o regalo dos observadores. Se, graças à criação do espaço pictórico produzido pela técnica da perspectiva, a pintura aparece como uma janela aberta para o mundo, a ele cabe decidir onde deve abrir essa janela e que cena deve mostrar. Assim sendo, a criação artística torna-se livre e cada artista torna-se um criador individualizado. Brunelleschi foi o primeiro a romper ruidosamente com as corporações de ofício, jogando todo o peso de sua competência contra os regulamentos medievais: a administração da cidade optou pelo arquiteto e mandou os mestres que o perseguiam para a cadeia.

E se a geração de Brunelleschi ainda se encontrava sob a tutela de mecenas como Cosme de Médici, que dominava Florença e encomendava trabalhos aos artistas, seu neto, Lourenço de Médici, dito o Magnífico, preferia comportar-se como colecionador, comprando obras de arte livremente elaboradas e vendidas pelos artistas em seus ateliês. Isso aumentava ainda mais a liberdade dos artistas, reforçava sua individualidade e consagrava a formação de um mercado de obras de arte nas grandes cidades. Livre das guildas, preservando sua autonomia ante os mecenas, confirmados na sua individualidade, os artistas se esforçam para conseguir melhor posição social. Filarete passa a exigir que todos os artistas assinem seus quadros, que assim se tornavam a expressão da individualidade de seu criador, mas também um valor de mercado, pois o valor dos quadros passa a ser medido também pelo prestígio de sua assinatura. Os pintores pela primeira vez ousam pintar-se a si mesmos, privilégio antes só reservado aos santos, aos nobres e aos grandes burgueses. Ghiberti escreve a primeira autobiografia que se conhece de um pintor e Vasari as primeiras biografias dos grandes artistas de seu tempo. Ticiano conquista títulos de nobreza e frequenta os círculos mais aristocráticos. É conhecida a história, verdadeira ou não, de que o imperador Carlos V se abaixou para apanhar um pincel caído das mãos de Ticiano. É a imagem do mecenas se submetendo ao artista. Tal é seu prestígio social já em meados do século XV que eles se tornam nomes da moda, o que lhes dá maior valor de mercado e maior prestígio a seus compradores e protetores, reforçando todo o ciclo.

Mas essa espiral crescente de valorização da arte e do artista, como o reforço de uma sociedade individualista e suntuosa, não poderia deixar de ter consequências para ambos. Por exemplo, no que se refere ao ritmo de produção. Quanto mais rápido um artista produz, maiores encomendas recebe, pois a rapidez de entrega se torna também um valor de mercado. Mas para que produza tão rápido é preciso que racionalize a produção das obras através da divisão social do trabalho. Assim sendo, vários artistas e aprendizes participam da composição de uma mesma obra de que o artista pouco mais faz do que o esboço geral e a assinatura final. Esse processo certamente aumenta seus dividendos, porém reduz sua espontaneidade e sua individualidade.

Alguns tentam resistir a essa situação, exigindo um ritmo próprio de trabalho e produção, como Leonardo da Vinci, que dizia: "o pintor deve viver só, completar o que seus olhos percebem e comunicar-se consigo mesmo". Mas o tempo e o espaço da contemplação não existem mais numa sociedade de concorrência brutal, de ritmo frenético e de profunda divisão social do trabalho. E, se o artista pretende recuperá-lo, só poderá fazê-lo isolando-se como Michelangelo e Tintoreto, que não admitiam ninguém no seu ambiente de trabalho e tornaram-se homens terrivelmente sós. A solidão irremediável do artista moderno é um passo para seu encerramento na torre de marfim de seu ofício e seu mergulho na alienação completa. A alienação e a angústia, por sua vez, são a fonte da angústia do homem dividido e fragmentado, preso à liberdade de sua individualidade, essa herança desconfortável que todos trazemos do homem moderno e que é a marca própria da modernidade. Dela nasceu a *terribilità* tão falada do comportamento de Michelangelo, pelo seu caráter atormentado e sua arte tensa, pois ele foi o homem para quem a consciência dessa divisão e fragmentação assumiu um caráter agudo, num tempo trágico, marcado pelo movimento reformista, pela invasão e saque de Roma sob as ordens do imperador da Alemanha e pela crise da economia italiana diante das navegações ibéricas. Com ele também a arte renascentista se transforma no maneirismo, e a placidez racional da *Última ceia* de Leonardo dá lugar à turbulência emocional incontida do *Juízo Final* da capela Sistina.

Detalhe de *A Procissão dos Magos* (1459-64), afresco em que aparece retratado Lourenço de Médici, o Magnífico, feito por Benozzo Gozzoli. [Palácio Medici-Riccardi, Florença, Itália]

Literatura e teatro: a criação das línguas nacionais

O marco mais significativo da criação da literatura moderna é um tanto ambíguo. Trata-se de *A divina comédia*, de Dante Alighieri (1265-1321). Dizemos que é um marco ambíguo porque, assim como as imagens de Giotto, a literatura de Dante guarda intocadas inúmeras características da mentalidade e da expressão medievais. *A divina comédia* consiste, na realidade, num longo poema épico, composto de cem cantos e organizado em tercetos (grupos de três versos cada) decassílabos. A obra tem um conteúdo simbólico e místico, bem ao gosto medieval, e narra a trajetória alegórica de Dante, que, perdido numa floresta terrena, dali é tirado pelo poeta latino Virgílio, que o guiaria pelo reino dos mortos, através do inferno e do purgatório, até o paraíso, onde o entrega à salvação nas mãos de sua amada Beatriz. Ao longo de seu percurso, Dante tem a oportunidade de transmitir toda a concepção da ordem do mundo, da criação, da queda e da salvação final que consubstanciavam a teologia cristã e apresentá-la numa narrativa orgânica e inspirada, tal como recomendavam as diretrizes da filosofia escolástica, na qual ele se baseou rigorosamente. O que pode ter de moderno um tal poema? Praticamente nada e praticamente tudo. A obra é provavelmente a síntese mais bem-acabada de todos os valores que nortearam o mundo medieval. Mas traz consigo também os prenúncios dos fundamentos em que irá se basear a civilização moderna. Para começar, porque o poema é escrito em dialeto toscano e não mais em latim, como era o hábito na Idade Média. Para continuar, porque os guias de Dante nessa travessia sacra e simbólica são um poeta pagão da Antiguidade latina e uma senhorita reles, burguesa e caseira (embora ambos apareçam transfigurados na obra). Além de que, mantendo a inspiração religiosa de seu poema, ele, entretanto, se afasta do realismo tosco e popular que marcara a representação dos mistérios cristãos no final da Idade Média e o compõe no estilo elevado típico da regra clássica da Antiguidade, preservando o tom sublime do conjunto, mesmo quando realiza descrição pormenorizada de pessoas, objetos, emoções ou situações concretas.

Nesse sentido, Dante se assemelha por demais à pintura de Giotto e com toda a arte renascentista posterior, em que o esforço intenso para a representação o mais fiel possível da realidade permanece, contudo, circunscrito a um limite de representação do belo que jamais lhe permite incluir o grosseiro ou o grotesco. Em sua passagem pelo inferno e pelo purgatório, Dante reconhece e conversa com inúmeras personagens dele conhecidas, pessoas notáveis na história recente da Toscana e que aparecem no espaço do sagrado com todas as características de sua vida terrena. Ou seja, assim como as figuras de Giotto não são mais representações ressequidas que simbolizam abstratamente o corpo vivo de homens, mulheres e paisagens, também as criaturas que aparecem na narrativa de Dante possuem características reais e autênticas, apresentando-se como seres dotados de corpos variados, magros ou gordos, altos ou baixos, fracos ou fortes, que sentem dor, alegria, anseios de justiça, de vingança, ciúmes, inveja e bondade. O fato de estarem num espaço transcendente não lhes uniformiza as feições, as formas ou as emoções. Sentem, comportam-se, pensam e clamam como se estivessem na terra, que ainda lhes é o espaço de referência fundamental.

Retrato alegórico de Dante (c. 1530), painel feito por autor anônimo.
[National Gallery of Art, Washington, Estados Unidos]

Em *A divina comédia*, o espaço celestial se subordina à experiência terrena dos homens. A entrada dos homens no inferno ou no purgatório não lhes aniquila as convicções; pelo contrário, afirmando-se contra uma situação adversa, elas ganham realce, destacando a individualidade única de cada pessoa e o compromisso fundamental com sua condição humana. As pessoas que padecem nas trevas ou nas tormentas continuam fiéis, ainda, em primeiro lugar à história de sua própria vida e de sua comunidade de origem. Dessa forma, o espaço intemporal do sagrado só pode ser compreendido se for remetido à temporalidade histórica da terra e da sociedade, porque é somente dela que falam as almas penadas. É a grandiosidade e o mistério do destino individual de cada homem e a forma como ele joga com a sorte e com as circunstâncias históricas que o cercam que preocupam essencialmente a imaginação de Dante. Menos que o divino, sua inquietação é com o humano, ou com o divino através do humano. Ele assim é um homem de dois mundos, pois, ao mesmo tempo em que resume a civilização medieval, sintetiza todas as perplexidades que assinalarão e dignificarão o homem moderno.

PETRARCA E BOCCACCIO

Na mesma Toscana, onde praticamente nasceu a literatura renascentista, destacaram-se dois brilhantes continuadores dos esforços de Dante pela criação de um *stil nuovo* (novo estilo): Francesco Petrarca (1304-1374) e Giovanni Boccaccio (1313-1375). Muito embora fossem ambos contemporâneos muito amigos e dois amantes incansáveis dos novos valores humanistas, suas obras seguem diretrizes muito diferentes e assinalam duas vertentes diversas na literatura renascentista. Petrarca foi o primeiro poeta a fazer de si mesmo, de suas emoções, de suas hesitações e de sua perplexidade seu tema único e permanente. O seu *Cancioneiro*, que resume cerca de 350 poemas, refere-se continuamente ao seu amor desenganado pela jovem Laura, amada distante, inacessível e alvo de um amor ao mesmo tempo sublimado e tenso, como o de Dante por Beatriz.

Nesses poemas, Petrarca percorre todos os desvios de sua alma, perscruta seus sentimentos mais íntimos, acompanha as oscilações mais sutis do seu estado de espírito. Todos os recursos de seu lirismo se concentram para expor e glosar sua humanidade inquieta e frágil. Nesse sentido, a obra de Petrarca iria atingir um grau inédito de elaboração formal que exploraria todas as possibilidades rítmicas e musicais do idioma toscano, dando-lhe uma plasticidade e sonoridade que impressionaram os contemporâneos tanto dentro quanto fora da Itália. A forma preferida de sua poesia, o soneto, receberia um tal acabamento em suas mãos que o tornaria dominante em toda a produção lírica pelo menos até o século XIX, o mesmo ocorrendo com o verso decassílabo, por ele trabalhado com tanta habilidade quanto o de Dante.

E, se de Petrarca podemos dizer que foi o criador da poesia lírica moderna, a Boccaccio cabe o título de criador da narrativa em prosa artística dos novos tempos. Sua obra principal, o *Decameron*, consta de cem contos curtos, narrados por um grupo de jovens para se entreterem enquanto fogem de Florença, assolada pela peste de 1348. O material dessas narrativas é variado, fácil de ser obtido nas cidades comerciais da Toscana, sempre em intensa comunicação com agentes e comerciantes dos três continentes que circundam o Mediterrâneo. As narrativas procuram dar uma imagem concreta e sensível de hábitos, comportamentos, crenças e sentimentos de pessoas de vários meios sociais nesse momento de transição do mundo medieval para o moderno.

A tônica das narrativas é a busca da realização amorosa entre as personagens, em sua concepção mais carnal, prática e terrena. Nesse jogo algo brutal em que se disputa a satisfação amorosa, entram em cena todas as emoções que movem os seres humanos, das mais baixas às mais elevadas, criando as mais variadas situações: ciúmes, embuste, traição, honra, malícia, sacrifício, vaidade, orgulho, humilhação, tenacidade etc. As regras, a ética e as convenções artificiais da sociedade são as grandes inimigas, a astúcia é a arma principal, a fortuna (sorte) é a aliada infiel e a glória consiste na conquista do ser amado e na consumação do ato amoroso. Impossível imaginar uma concepção mais humana, terrena, prática e una da miserável condição humana e do teatro cômico do cotidiano. Nada mais distante do universo metafísico, celestial e casto da Idade Média.

Afora sua obra literária, Petrarca e Boccaccio fizeram parte da primeira grande geração de fundadores e divulgadores da corrente humanista. Ambos eruditos, dedicaram-se a fundo ao estudo do latim clássico e realizaram inúmeras traduções e reedições de textos latinos, compondo, inclusive, parte de sua obra literária nesse idioma. Seu renome, portanto, atravessou a Europa em todas as direções. A literatura e o humanismo italiano do século XVI ocuparam por isso um papel de destaque singular no contexto do amplo processo de renovação cultural que agitava o continente. Nesse momento, a língua, a arte e as formas de composição toscanas assumem o papel de primeiro plano como linguagem cultural, superando o dialeto da Provença, a *langue d'oc*, que prevalecera até então. É na musicalidade, no ritmo e nos metros da língua toscana que iriam buscar inspiração os franceses e espanhóis nesse momento, e seria pelo italianismo dos espanhóis e franceses que se guiariam, numa segunda instância, os portugueses e os ingleses. Demoraria muito para que as demais nações aprendessem a desligar-se do jugo cultural italiano e fizessem sua própria arte. Isso só se daria quando cada uma dessas nações atingisse o auge de seu poderio econômico e político, como ocorreria, por exemplo, com o Portugal de D. Manuel I e D. João III, com a Espanha do Século de Ouro e com a Inglaterra isabelina.

PORTUGAL, ESPANHA, FRANÇA E INGLATERRA

Esse fenômeno é facilmente compreensível, uma vez que apenas a prosperidade comercial é que permitia a constituição de núcleos urbanos densos e ricos e cortes aristocráticas sofisticadas o suficiente para se transformarem em público consumidor de uma produção artístico-intelectual voltada para a mudança dos valores medievais. Nessas condições somente é que poderiam aparecer e manter-se um Rabelais, protegido por homens ricos e poderosos, um alto magistrado da monarquia francesa como Montaigne, um cortesão espanhol como Garcilaso de La Vega, o filho de um sapateiro rico como Marlowe ou um intelectual capaz de viver da renda de sua própria obra, como Erasmo de Rotterdam, num caso extremo. É por essa razão que o movimento renascentista europeu segue num ritmo próprio em cada nação, sendo bastante prematuro na Itália e em Flandres, mas também declinando mais cedo na península italiana (em torno de 1527, com a invasão e saque de Roma). Arrasta-se pelo século XVI em Portugal, Espanha e França e termina no limiar do século XVII na Inglaterra.

Aliás, essa relação do movimento renascentista com a evolução das monarquias europeias não é nem um pouco acidental. Um dos fatores fundamentais de que careciam os Estados nascentes para centralizar e concentrar o poder político sob seu completo controle era a definição e imposição de uma língua nacional que acabasse com a fragmentação representada pelos inúmeros dialetos regionais e impusesse um padrão unitário à administração, aos estatutos e à cultura de cada país, dandolhe a unidade de um todo homogêneo e com uma identidade própria. Nesse sentido, as pesquisas linguísticas e filológicas dos humanistas vinham justamente a calhar: elas permitiram a constituição dos vários idiomas nacionais, próprios de cada país europeu. Parece estranho imaginar que os humanistas, tão preocupados em recuperar o latim clássico, tenham criado os fundamentos para definir os idiomas vulgares modernos. E precisamente porque desprezavam o latim degradado, usado pela Igreja e pelas administrações regionais em fins da Idade Média, e buscavam o latim clássico do período áureo do Império Romano, uma língua que ninguém mais – exceto eles – conhecia ou saberia falar, acabaram condenando o latim medieval à ruína e à extinção.

Por outro lado, os intelectuais e letrados do Renascimento, desejosos de compreender, exaltar e interferir na vida cotidiana e concreta das cidades e dos Estados, procuraram em suas obras o recurso de uma língua que chegasse a camadas mais amplas possíveis da população, a fim de conquistá-las para seus projetos e suas ideias de mudança. Nesse sentido, a intenção desses escritores coincidia plenamente com a dos senhores e dos monarcas que os sustentavam. Assim, Antonio de Nebrija – ou Lebrija – (1444-1532), um humanista espanhol, escrevia o primeiro dicionário latino-castelhano e uma gramática castelhana que forneceriam as bases para a formação do idioma espanhol moderno. O mesmo ocorre com Dante Alighieri, que, no seu tratado *De vulgari eloquentia*, procura fixar o padrão do que deveria constituir a língua literária italiana. Na França, um grupo de poetas renascentistas, reunidos num cenáculo que se autodenominava *a Pléiade*, estabelece as regras do francês literário ao elaborar o tratado linguístico denominado *Defesa e ilustração da língua francesa*. Nesse sentido, seriam os sistematizadores de um esforço já iniciado com o reformista religioso João Calvino, que dera ao francês uma elaboração literária refinada através de sua obra *Instituição da religião cristã*. O outro grande líder reformista, Martinho Lutero, produziu uma primeira organização exata do idioma alemão em sua tradução da Bíblia.

Retrato de Lutero (1471-1528), pintura feita por Albrecht Dürer.
[Statens Museum for Kunst, Copenhagen, Dinamarca]

É preciso, no entanto, não perder o sentido político desses esforços de unificação linguística. Em rigor, qualquer dos dialetos de um país poderia ser tomado como base para a constituição de seu idioma oficial. Contudo, só o foram aqueles dialetos que representavam as regiões hegemônicas de cada país, por sua riqueza ou importância política como sede da corte monárquica. Com efeito, na Itália é o toscano de matiz florentino que se impõe como idioma nacional; na Espanha é o castelhano da corte madrilenha; na França é o dialeto de Île-de-France, região onde se situava a corte parisiense, que se torna o idioma oficial; na Inglaterra esse papel iria caber ao dialeto londrino; na Alemanha o idioma nacional derivaria da região da Saxônia, cujo príncipe eleitor acolheu e protegeu Lutero contra as perseguições movidas pelo imperador e pelo papado.

IDIOMAS NACIONAIS

A constituição dos idiomas nacionais, assim como a definição dos próprios limites territoriais de cada nação, seria, portanto, o resultado de um gesto de força, por meio do qual um dialeto é eleito como predominante, ganha sistematização gramatical, passa a ser a base dos decretos, leis e éditos reais, ficando todas as demais línguas e falas regionais marginalizadas e iletradas, quando não, proibidas. Francisco I, da França, por exemplo, através da ordenança de Villers-Cotterêts, impõe que todos os processos e trâmites judiciais só fossem conduzidos em francês. Henrique VII da Inglaterra impôs a Bíblia traduzida no inglês da sua corte às escolas dominicais e paróquias de todo o país. O poder econômico, o poder político e a criação cultural aparecem, portanto, mais uma vez como sendo indissociavelmente ligados.

A variedade da produção literária renascentista é muito grande. Os gêneros utilizados pelos literatos geralmente remetiam aos gêneros da Antiguidade clássica, como é fácil de supor. Tínhamos assim o poema épico, a poesia lírica, o drama pastoral, as narrativas satíricas, a tragédia e a comédia, dentre outros. As formas e os metros eram quase todos de criação italiana, que remontavam em grande parte ao período de apogeu da corte siciliana de Frederico II: o soneto, o verso decassílabo e a oitava (estrofe de oito versos). Portanto, se os gêneros eram antigos, as formas de composição eram novas, assim como a preocupação de criar na língua nacional, explorando-lhe todas as possibilidades musicais, rítmicas, e as rimas. No conjunto, pois, não se tratava de restaurar gêneros antigos, mas de servir-se deles para veicular novos conteúdos sob formas que suscitavam uma nova sensibilidade.

POESIA LÍRICA

O gênero mais frequentemente explorado é a poesia lírica tal como concebida por Petrarca. Seus grandes expoentes fora da Itália seriam Clément Marot (1495-1544), Maurice Scève (1501-1562) e os poetas da Pléiade na França; Garcilaso de La Vega (1503-1536) e Fernando Herrera (1534-1597) na Espanha; Luís de Camões (1524-1580) em Portugal. A temática é sempre intimista e apaixonada, dedicada à expansão do sentimento sublimado de um amor fervoroso por uma amada sempre longínqua e inatingível. Esse lirismo de fundo platônico tem um forte elemento místico, com a amada representando o bem, o belo, a perfeição numa idealização que a identifica, em última instância, com a fé na salvação pela abnegação, pelo sacrifício e pela contenção dos impulsos mais instintivos do homem.

O poeta leva a sublimação de sua paixão intensa ao ponto de atingir um estado febril de excitação, que definiria o impulso criativo como um arrebatamento de inspiração poética e ao mesmo tempo um fervor místico que o eleva a regiões superiores do intelecto e do espírito. É dessa sensação de elevação que nasce uma consciência do papel superior que cabe ao poeta na sociedade, qual um ser inspirado que fala aos homens comuns sobre uma realidade acima de suas pálidas existências cotidianas. O poeta, assim, seria um experimentador que explora, avalia e anuncia os limites mais extremos da emoção, da sensibilidade e da imaginação humanas.

POESIA PASTORAL

Outro gênero de grande sucesso na literatura renascentista é a poesia pastoral, baseada nos poemas bucólicos de Virgílio. Seus grandes representantes seriam Torquato Tasso (*Aminta*, 1572) e Sanazzaro (*Arcadia*, 1502) na Itália; Jorge Montemayor (*Diana enamorada*, 1542), Cervantes (*Galateia*, 1585) e Lope de Vega (*Arcadia*, 1599) na Espanha; Honoré d'Urfé (*L'Astrée*, 1607) na França e Edmund Spenser (*O calendário dos pastores*, 1579) na Inglaterra. Coleções de contos, ou novelas, com narrativas satíricas, picarescas ou edificantes também tiveram grande voga desde o *Decameron*, de Boccaccio. Célebre nessa linha são o *Heptamerão*, da rainha Margarida de Navarra (1492-1549), e as *Novelas exemplares* (1613), de Cervantes.

Retrato póstumo de Camões (1581), feito por autor anônimo. [Biblioteca Nacional de Portugal, Lisboa]

EPOPEIA

Mais notáveis, porém, pelo seu significado histórico, são as epopeias, por meio das quais os poetas procuram enaltecer e glorificar suas nações emergentes, legitimando simbolicamente os Estados monárquicos que se centralizavam e agigantavam nesse período. Praticamente em todas as nações tentou-se, com maior ou menor sucesso, essa exaltação do poder temporal e das conquistas e feitos de armas das casas reinantes, entrevistas como um esforço coletivo de toda a nação com o fito de cumprir seu destino predestinado de exercer a hegemonia sobre todos os povos. Temos assim a *Franciada* (1562), de Pierre de Ronsard, a *Fairy Queen* (1596), de Edmund Spenser, a *Dragontea* (1598), de Lope de Vega, e *Os Lusíadas* (1572), de Luís de Camões. Também aqui o modelo seguido é o da epopeia clássica, mas os sistemas rítmicos e de versificação seguem o padrão italiano. De qualquer forma, pouco importam as procedências dos recursos de que lançaram mão os poetas nesse caso, pois seu objetivo era um só: o de instituir uma alma nacional e o culto de crenças e valores nacionais – fundar mesmo a ideia de nação e prognosticar, desde já, o seu destino glorioso, único e preponderante.

TEATRO

Outro dos gêneros recuperados da Antiguidade clássica e que encontraria uma enorme aceitação nesse período foi o teatro, nas suas duas vertentes antigas: a tragédia e a comédia. A arte cênica, contudo, tivera um grande desenvolvimento durante a Idade Média através de representações de cenas do Evangelho ou da história da vida da Virgem e outros santos, efetuadas normalmente na parte frontal das igrejas ou nas praças maiores das cidades, povoados e aldeias. Eram organizadas pelo clero em colaboração com as corporações de artesãos e da população de forma geral, que era quem desempenhava os vários papéis envolvidos na peça. Portanto, a participação e a receptividade popular eram intensas. Não havia mesmo nenhuma separação entre palco e plateia: todos estavam envolvidos na peça só pelo fato de estarem presentes. Os cenários eram simultâneos, permanecendo todos armados um ao lado do outro, independentemente de qual estivesse sendo usado, e os próprios atores ficavam o tempo todo na cena, mesmo que não tivessem participação no ato em representação. Ao espectador-ator caberia distinguir, pelo andamento do conjunto da peça, a que cenário deveria atentar e a ação de quais atores deveria acompanhar, desconsiderando todos os elementos que não participavam do ato, embora se mantivessem em cena.

A primeira tragédia clássica publicada em língua popular no Renascimento foi a *Sofonisba* (1515), de Giangiorgio Trissino, humanista italiano. Pretendendo recuperar por inteiro esse gênero clássico, o autor seguiu as normas da tragédia grega, dando à peça unidade de tempo, de espaço e de ação. Como se pode ver, essa ordenação interna da peça era completamente estranha às encenações populares medievais, dando à representação uma linearidade, uma disciplina e uma racionalidade que obrigavam, além do mais, a uma separação decisiva entre o palco e o público e impunham a utilização de atores profissionais. Segundo essa concepção teatral, cada cenário aparece e desaparece quando a ação que nele se desenrola principia e acaba, cada personagem só permanece no palco enquanto tem uma função significativa na cena e as ações se sucedem numa sequência cronológica linear. Evidentemente, uma concepção de arte nesses termos teria muito mais condições de satisfazer uma burguesia cujo principal valor consistia no controle racional do tempo, do espaço e do movimento e cuja grande ambição era distinguir-se do povo rude, inculto e indisciplinado. Aliás, esse processo de marginalização das classes populares é o mesmo que se percebe na arte com a introdução da perspectiva e do espaço matemático, e na literatura com a constituição das línguas vulgares cultas, que se tornam línguas escritas ao receberem uma estrutura gramatical inspirada nos modelos clássicos, distinguindo-se das línguas populares.

Os italianos também desenvolveram a comédia, sendo mais notáveis as cinco peças desse gênero atribuídas a Ludovico Ariosto (1474-1533) e representadas na corte de Ferrara, as cinco comédias de Pietro Aretino (1492-1556) e a *Mandrágora* (1513), de Maquiavel. O desenvolvimento maior da arte teatral deu-se, no entanto, fora da Itália, na Inglaterra, na Espanha e em Portugal. O florescimento notável do teatro inglês no período de Elizabeth I (1558-1603) deve-se em grande parte a um momento de participação intensa, consolidação do poder central, expressão externa e grande prosperidade da sociedade inglesa. O crescimento prodigioso da cidade mercantil-financeira de Londres é acompanhado de uma rápida ascensão social de amplas camadas ligadas ao artesanato e aos negócios e permite a formação ali de um público urbano tão ansioso de refinamentos culturais quanto de distrações e distinções sociais. Quer seja no seio da corte, quer no da população urbana, Londres criou uma atmosfera ideal para o desenvolvimento das companhias de teatro, que passam a disputar o gosto dos círculos aristocráticos e do grande público.

Esse fenômeno é que permite a emergência do teatro isabelino, nutrido por toda uma geração de escritores e que daria o tom dominante ao Renascimento inglês. Essa geração era quase toda de origem humilde e seus principais representantes foram George

Peele (1558-1597), filho de um ourives; Christopher Marlowe (1564-1593), filho de um sapateiro; Ben Jonson (1572-1637), que trabalhou com o padrasto, o qual era pedreiro, foi soldado e ator profissional; Thomas Dekker (1570-1641), filho de um alfaiate; Francis Beaumont (1584-1616), filho de um juiz, e John Fletcher (1579-1625), que fez seus estudos em Cambridge, filho de um bispo anglicano. Mas a figura mais preeminente desse círculo era William Shakespeare (1564-1618), filho de um fabricante de luvas e roupas de peles, que foi ator profissional, passando em seguida a sócio de sua companhia teatral, acabando a vida como um próspero empresário.

A história de Shakespeare é um pouco a história da sua geração e a da burguesia londrina, uma história de trabalho, esforço, poupança, investimento e ascensão social. Tanto que uma das temáticas centrais na obra desse dramaturgo é a noção de ordem, posta em perigo pela ameaça das forças do caos e da anarquia, como em *Macbeth, Hamlet* ou *Henrique IV*, suas grandes tragédias. Suas simpatias recaíram sobre um forte poder centralizado e uma sociedade fundada em sólidos valores morais. A arte de Shakespeare guarda, entretanto, uma nítida ambivalência com a preservação de elementos próprios do universo popular e medieval, como as bruxas, os fantasmas, os símbolos mágicos. Ele, por exemplo, evita uma nítida separação entre público e palco nas suas montagens. E o seu Hamlet coloca dúvidas sobre a eficácia da razão e da racionalidade, num prenúncio já da arte maneirista, que sucede ao Renascimento.

Outro teatro que atinge um nível notável de amadurecimento na época renascentista é o ibérico. A origem do teatro secular tanto espanhol como português deve ser baseada em Juan del Encina (1469-1529), dramaturgo espanhol que serviu na corte do duque de Alba. A especialidade de Encina estava na composição de pequenas peças em verso, de fundo religioso ou cômico (*Os autos*), com fortes elementos populares. Essas características seriam mantidas e aprofundadas por seus seguidores: Bartolomé de Torres Naharro (? -1524), Juan de la Cueva (1550-1610), poeta dramático, o mais célebre de todos, Lope de Vega (1562-1635) e ainda Guillén de Castro (1569-1631), Tirso de Molina (1571-1648), autor dramático, e Juan Ruiz de Alarcón (1581-1639). Em Portugal, o grande seguidor de Encina seria Gil Vicente (1470-1536). Em todo o teatro ibérico destacam-se sempre os temas cavalheirescos, religiosos e populares – Gil Vicente, por exemplo, compunha preferivelmente em redondilha (verso de sete sílabas), que era o metro predominante das cantigas populares portuguesas. O apelo popular desse teatro é natural, uma vez que nos países ibéricos, em decorrência da longa luta de expulsão dos muçulmanos, os ideais cristãos, guerreiros, aristocráticos e discricionários da nobreza encontraram enorme repercussão no gosto popular. Daí ser esse um teatro vibrante, permeado de aventuras, tensões e fantasias, mas estando ao mesmo tempo todo voltado para a preservação da ordem, dos privilégios e dos valores aristocráticos. Sua identificação com as doutrinas e as diretrizes da Contrarreforma católica seria completa e o arrastaria para os ideais do maneirismo e do barroco.

Retrato de William Shakespeare (c. 1600-10), obra atribuída a John Taylor.
[National Portrait Gallery, Londres, Inglaterra]

A evolução da cultura renascentista na Itália

A organização das cidades italianas em cidades-Estados, ou em repúblicas independentes, começa a manifestar-se, desde o século XI, através das lutas das comunidades citadinas contra os senhores feudais que se arrogavam poderes, tutelas e direitos sobre elas. A autonomia completa da maior parte dessas cidades já era um fato concreto no limiar do século XIII. Após uma luta longa e difícil, as comunidades urbanas elaboraram suas próprias regras comunitárias, prevendo ampla participação de todas as camadas que contribuíram para a independência, no governo e administração da nova república. Entretanto, o aumento da prosperidade econômica das cidades mercantis ao longo de todo esse processo não contribuiria para reforçar essa solidariedade entre as classes urbanas. Ao contrário, as guildas e corporações mais bem-sucedidas em seus negócios passam a gozar de uma situação econômica tão favorável que lhes permite manipular as instituições da nova república a seu gosto, por meio do suborno, da fraude eleitoral e da corrupção administrativa.

Assim, o governo das cidades tende a cair nas mãos dos líderes das corporações superiores, o que dá margem à luta das corporações menores contra as mais poderosas. Não bastasse isso, como um dos objetivos dos chefes das guildas mais ricas era justamente controlar o governo da cidade para provocar o rebaixamento dos salários dos jornaleiros, também esses entrarão em luta contra os chefes das corporações. E, para complicar ainda mais esse cenário turbulento, as cidades mais ricas começam a disputar entre si o controle das principais rotas e centros produtores de matérias-primas e mercadorias, o que as leva a lutar entre si pelo controle estratégico dos mercados e contra as cidades menores para dominá-las. A Itália dos séculos XIII e XIV, portanto, será marcada por essa convulsão em vários níveis, internos e externos às cidades, por detrás das quais a prosperidade comercial prossegue continuamente, aumentando o vigor dos conflitos.

Essa ordem múltipla de conflitos intensos levaria as cidades progressivamente a nomear um chefe militar, o *podestà*, encarregado de controlar tropas mercenárias para as lutas. Os *podestà* obteriam esses serviços junto aos *condottieri*, misto de empresários militares e chefes de tropas, que alugavam seus serviços a quem melhor lhes pagasse. É fácil prever a evolução dessa conjuntura: em pouco tempo os *podestà* acabam assumindo todo o controle político das cidades, graças ao poder de fato que possuíam nas mãos; mas somente para perdê-lo em seguida para os próprios *condottiere*, que usariam a força de suas tropas para conquistar o controle das cidades. Essa situação interessava à alta burguesia, que pretendia submeter a cidade a um poder forte, ditatorial e receptivo a suas diretrizes. Essa seria, em resumo, a evolução da maior parte das cidades italianas.

Retratos de Francisco Sforza, duque de Milão de 1450 a 1466,
e de sua mulher Bianca Maria Visconti (c. 1460), atribuídos a Bonifazio Bembo.
[Pinacoteca di Brera, Milão, Itália]

Em algumas, o próprio *condottiere* controla o poder, como Francesco Sforza em Milão; em outras são os *podestà* que o mantêm, como os Este em Ferrara, os Gonzaga em Mântua ou Federico de Montefeltro em Urbino, ou cidadãos extremamente ricos que controlam as tropas e as instituições com os seus recursos, como os Médici em Florença, os Baglioni em Perúgia e os Bentivoglio em Bolonha. São conservadas as instituições republicanas em muitas dessas cidades, como na Florença dos Médici, mas quaisquer estatutos são letra morta diante do poderio incontrolável desses cidadãos de primeira classe. Toda a cidade se submete, em geral sob violência, a suas imposições. Geralmente, irrompem revoltas, como a dos *ciompi* em Florença (1378), em que os artesãos das corporações menores assumem o controle da cidade por cerca de quatro anos, restaurando a democracia inicial, para serem logo após novamente marginalizados social, econômica e politicamente. Veneza permaneceria como uma república com alguma estabilidade, porque ali as poucas famílias que dominavam economicamente a cidade se revezavam no cargo de *doge*, controlando ciclicamente o poder.

É por trás desse panorama tempestuoso que se desenvolve a cultura renascentista, voltada para os princípios do equilíbrio, da harmonia, do naturalismo, da economia do espaço, da forma e da luz; para a racionalidade e a homogeneidade, enfim. Nesse período de caos e opressão, seu compromisso era com a ordem e a liberdade do espírito humano. Tratava-se, então, de uma cultura alienante que procurava negar a dinâmica da realidade? Não, sua coerência se dava com o movimento profundo e não superficial da sociedade, com a expansão das relações mercantis, com o aperfeiçoamento das técnicas produtivas, contabilistas e gerenciais, com a ampliação, homogeneização e conquista do espaço territorial, transformado em espaço econômico. Quem a alimentava era a prosperidade mercantil, daí ela estar comprometida com a atitude racional, projetiva, econômica, organizadora, mas também agressiva, conquistadora, sequiosa de independência, de espaço, de saber e de distinção.

TRECENTO

Já é um procedimento habitual entre os historiadores dividir o Renascimento italiano em três fases, cada qual correspondente ao período de um século: o *Trecento* (século XIV), o *Quattrocento* (século XV) e o *Cinquecento* (século XVI). O primeiro desses períodos, chamado também, por alguns estudiosos, de pré-Renascimento, representa a fase inicial de elaboração da cultura renascentista, quando serão esboçados e difundidos alguns dos princípios mais caros da nova arte e do pensamento humanista. Na Itália, esse período é representado por criadores dos mais ilustres, como Dante, Petrarca e Boccaccio na literatura; Cimabue, Duccio e Giotto na arte. Nessa fase ainda estão presentes, e muito fortes, os elementos medievais, mas os fermentos da transição agem com maior eficácia, caminhando para a caracterização de um novo estilo de composição, afinado com novos conteúdos e dirigido a sensibilidades modernas. A evolução na arte é muito característica a esse respeito.

Esse período é em geral classificado pelos críticos como o dos primitivos italianos. Pode-se perceber nele duas sequências criativas distintas, embora tendentes a se entrecruzarem. Numa primeira, temos o grupo centrado na cidade de Florença e encabeçado por Cimabue (1240-1302), Duccio di Buoninsegna (1255-1318) e Giotto (1266-1337). É praticamente com esses pintores que nasce a *maniera nuova*, abandonando o hieratismo e a rigidez do bizantino e explorando a mobilidade, o cromatismo e a espacialidade do gótico. Desse encontro de estilos nasceria um esforço para o encontro da realidade, compreendida como uma figuração comprometida com a impressão sensível e não com valores teológicos, filosóficos ou metafísicos. Esforço visando dar vida e movimento às figuras, expressão aos rostos, colorido às cenas e acrescentar um efeito de espaço à composição. Na docilidade das formas, na expressividade dos personagens e na profundidade dos cenários é que se encontraria o mérito maior desses grandes inovadores.

Cristo lavando os pés dos discípulos (1311),
painel feito por Duccio di Buoninsegna (c.1260-1319).
[Museo dell'Opera del Duomo, Siena, Itália]

A morte de Giotto é seguida de uma crise econômica particularmente profunda em Florença, com a falência das grandes companhias dos Bardi e dos Peruzzi (1339). Essa situação persiste e se agudiza até irromper na revolta dos *ciompi* (1378), abalando a posição econômica e política da cidade e desencorajando os gastos com a arte e a cultura. Quem resgata o ímpeto criativo de Florença nessa fase é então a pequena mas estável comunidade mercantil de Siena. Duccio era nascido nessa cidade, passando a trabalhar mais tarde em Florença. Destacam-se então, na pequena Siena, artistas de primeira grandeza como Simone Martini (1283-1344), que seria chamado para pintar o palácio dos papas de Avignon; os irmãos Pietro e Ambrogio Lorenzetti (1280-1348); Tadeo Gaddi (1300-1366); Bernardo Daddi (1330?-1410); Spinello Aretino (1330?-1410). A grande contribuição dos artistas de Siena pode ser resumida no seu esforço para aperfeiçoar as técnicas de aprofundamento do espaço. Não contentes com o espaço estreito e limitado de Giotto, para o qual ele fora buscar inspiração nos cenários teatrais dos mistérios populares, os primitivos sieneses irão tentar a representação do espaço natural, dos campos da cidade. Introduziram um elemento novo, mas que a partir dali se incorporaria definitivamente à pintura renascentista e, de resto, a toda pintura europeia até inícios do século XX: a paisagem.

O *Trecento* pode ser visto como um período de aprendizagem da arte renascentista, embora somente se o virmos da perspectiva do conjunto do movimento, pois guarda uma unidade própria e tem seus valores e seus objetivos. Mantém uma atitude cândida para com a natureza e sua religiosidade guarda o frescor do franciscanismo, tão difundido nas camadas populares. A origem humilde e a condição de artesãos da maioria dos pintores desse período podem nos esclarecer essas disposições de espírito. E nesse sentido há uma visível tensão entre essa arte da pintura, próxima ainda às formas populares, embora cada vez mais comprometida com a burguesia – à qual se dirige –, e a literária, atravessada de um nítido aristocratismo. Situação, de resto, compreensível, em vista do estatuto inferior de que gozava a pintura em relação à literatura, segundo o padrão tradicional da cultura medieval. Situação que seria plenamente redimida no período seguinte.

QUATTROCENTO

O *Quattrocento* é a época das grandes realizações do Renascimento. Nele, Florença reassume a hegemonia incontestável da cultura italiana e europeia. É o período de ascensão dos Médici, que controlarão Florença de 1434 a 1492, seguindo-se Cosme, Pedro e Lourenço de Médici, o Magnífico. Todos foram grandes protetores de artistas, e Lourenço foi o maior dos colecionadores de obras de arte de seu tempo. Lourenço fundou a Academia Platônica de Florença. Era um grande poeta e deu o tom à produção cultural florentina durante todo o seu período de governo. Esse foi também o período de fastígio econômico e político da cidade. Florença conquista e mantém sob jugo quase toda a região da Toscana; em 1406 submete Pisa e passa a utilizar-se de seu porto; em 1421 compra o porto de Livorno, e sua rica burguesia passa a desfrutar lucros imensos no comércio com Veneza. As classes dominantes florentinas concorrem num luxo exibicionista, entre si e com as demais cidades. A instalação da cúpula da Catedral de Santa Maria del Fiore, encomendada ao arquiteto Brunelleschi, consagra com o mais significativo dos monumentos renascentistas a glória e a hegemonia da burguesia florentina. A cidade dá-se até ao luxo de exportar artistas e criadores geniais, como o próprio Leonardo da Vinci.

No campo filosófico e literário, o *Quattrocento* consagra a vitória do humanismo, com a instalação da cadeira de língua grega na Universidade de Florença, aos cuidados do erudito Manuel Chrysoloras e do platonismo da Academia Platônica com Marsilio Ficino e Pico della Mirandola. A arquitetura tem seu primeiro momento de apogeu com Ghiberti (também escultor), ainda sob influência gótica, e com o genial Brunelleschi. Manifesta-se na mesma Florença o primeiro dos grandes escultores renascentistas, Donatello, que daria a suas obras um sentido de monumentalidade, individualismo e expressão psicológica que marcariam toda a arte escultórica moderna. Suas superfícies gigantescas são projetadas de forma a propiciar uma economia racional da forma e do espaço e uma distribuição planejada da luz e das sombras.

Cúpula da Catedral de Santa Maria del Fiore (1420-36), concebida por Brunelleschi.
[Florença, Itália]

Ao significado que tiveram Brunelleschi para a arquitetura e Donatello para a escultura, corresponde a importância de Masaccio para a pintura. Sendo o principal representante da corrente de pintores que procuraria no século XV aprofundar e levar às últimas consequências as pesquisas formais e espaciais iniciadas por Giotto, esse florentino basearia sua arte na sofisticação das técnicas de representação dos volumes e da anatomia do corpo humano, bem como no desenvolvimento de soluções mais eficazes para a representação do espaço e do efeito de perspectiva. Ele percebeu como os objetos e paisagens mais distantes perdem a definição de sua silhueta e vão assumindo uma coloração mais diluída e desbotada. Seria a introdução da técnica do esfumaçamento (*sfumato*), pela qual o artista representa o fundo do quadro com uma paisagem que se perde no infinito e cujas formas e coloração tendem progressivamente para um esmaecimento em que parece diluir-se por completo, fundindo-se com o céu nos planos mais distantes e profundos do quadro. Com esse recurso, os artistas passarão a ter um domínio completo do espaço, projetando até dimensões invisíveis ao observador. Leonardo da Vinci, no século seguinte, faria uma aplicação mais consequente desse recurso.

Na mesma linha de Masaccio e Donatello, esforçando-se por obter o máximo controle da forma e do espaço, conforme a melhor tradição florentina, inscrever-se-iam ainda artistas como Paolo Uccello, de Florença, mestre apaixonado pelos efeitos da perspectiva, para a qual chegou a escrever sonetos enlevados, Piero della Francesca, da Úmbria, e seu discípulo Luca Signorelli. Piero della Francesca leva a tal extremo a noção de volume pictórico, criando figuras densas, maciças, de qualidades escultóricas, que chegava a esvaziar por completo a noção de movimento. Signorelli, o primeiro grande mestre dos nus, acrescentaria a suas figuras humanas a força dramática das contrações dos músculos, do enrugamento das faces, dos gestos retraídos e dedos crispados. Andrea Mantegna, de Pádua, marcaria o auge dessa corrente naturalista da pintura florentina e exploraria ao máximo seus recursos, acrescendo-os de uma preocupação rigorosamente arqueológica na recomposição das cenas históricas e de efeitos virtuosísticos de perspectiva.

Paralelamente ao desenvolvimento dessa corrente naturalista, Florença foi também o palco de uma escola de pintores que procurou recuperar e revitalizar a espiritualidade e o simbolismo do gótico. Por isso mesmo, esse grupo de artistas foi identificado como representante do gótico tardio: sua inspiração é nitidamente religiosa e concebem a pintura como um instrumento de divulgação dos valores da fé cristã. Lourenço Monaco e Fra Angelico, sobretudo este último, foram seus principais representantes. Sua pintura se inspirava, em grande parte, na técnica das miniaturas e iluminuras típicas do último período medieval. Também Andrea del Castagno, na sua primeira fase, teria compartilhado os princípios desse movimento.

Estátua equestre de Gattamelata, (1453), escultura feita por Donatello.
[Piazza del Santo, Pádua, Itália]

O pagamento do tributo (c. 1424), afresco feito por Masaccio.
[Igreja Santa Maria del Carmine, Florença, Itália]

A última geração de artistas florentinos desse mesmo século representaria uma espécie de síntese das duas anteriores, procurando fundir as conquistas formais e espaciais da corrente encabeçada por Masaccio, com a graça, a sutileza e o formalismo dos seguidores de Fra Angelico. Nela se destacaram pintores como Pollaiolo, Andrea del Verrocchio, Filippo Lippi, Ghirlandaio e o sublime Sandro Botticelli. A arte desses pintores oscila entre a representação naturalista e o artificialismo afetado da convenção. Eles se manifestam numa Florença já em decadência, cuja burguesia se revestira de hábitos e atributos aristocráticos, tomando-se uma classe conservadora, sequiosa de resguardar suas conquistas de épocas anteriores. A arte dessa geração revela, por isso, um tom extremamente refinado, cortesão e altivo. Era preciso reforçar simbolicamente uma segurança e um fastígio que já não correspondiam à realidade concreta.

Na última metade do século XV e na primeira do XVI desenvolveuse ainda uma notável escola de pintores em Veneza, cujos principais representantes foram Carpaccio, Antonello de Messina, Giorgione, os irmãos Gentile e Giovanni Bellini, e Ticiano. Dadas as condições quase cosmopolitas da cidade de Veneza, seus contatos intensos com o Oriente e o norte da Europa, sua arte seria a resultante de inúmeras e diversas influências e da incorporação de técnicas estrangeiras. A principal dessas técnicas e que daria o tom tão peculiar à pintura veneziana foi a da tinta a óleo. Graças à maior maleabilidade e versatilidade desse recurso, a força dessa arte repousaria sobretudo nos efeitos cromáticos e luminosos que seus pintores conseguiriam. O colorido de seus quadros é rico e variado, a luz solar é irradiante e sempre em tons dourados, o conjunto de suas obras reflete uma atmosfera ambarina, transparente, que homogeneíza todo o clima do quadro. Aliás, esses pintores não pararam aí, fizeram também experiências com sombras, trevas e luzes fugazes, conseguindo realizações extremamente felizes, como o revela a *Tempestade*, de Giorgione.

Como características gerais da arte quatrocentista, caberia lembrar a superação da técnica do afresco pela do quadro realizado em cavalete, que passaria a predominar a partir de então. O quadro é um desdobramento da miniatura, representando uma influência que vinha do Norte e que superou o afresco, técnica já tradicional da pintura italiana. Na mesma linha de mudanças, os quadros em madeira seriam rapidamente substituídos por telas, dando ainda mais versatilidade ao trabalho dos artistas. Dessa forma, a arte pictórica se libertava definitivamente da dependência da arquitetura, e os quadros podiam ser transportados comodamente para onde e por quem o quisesse, tornando-se um bem móvel, o que amplia seu valor e intensifica e facilita sua comercialização. É claro que a assimilação da técnica do óleo se tornou a contrapartida dessa arte agora independente, portátil e mais mercantil do que nunca. O próprio formato do quadro (sem falar de sua moldura, que começa a constituir uma arte à parte) varia de acordo com o gosto, a necessidade ou os intuitos do pintor ou do colecionador, tornando-se uma moda muito difundida o quadro redondo (*tondo*).

Primavera (c. 1424), obra de Sandro Botticelli.
[Galeria Uffizi, Florença, Itália]

A forte penetração das obras franco-flamengas e das gravuras alemãs no ambiente italiano contribuiria para dar novos rumos a essa arte. Adquire-se o gosto pela representação naturalista do real baseada na figuração variada de rostos, corpos, flores, animais, elementos e objetos que se pode observar. Seguindo o gosto do Norte, grande parte dos artistas italianos se deixaria seduzir por uma pintura de descrição e estudo, toda ela voltada para a pluralidade e riqueza de formas do mundo. Nesse sentido, começariam a aparecer as primeiras naturezas-mortas, estudos detalhistas de objetos e elementos arbitrariamente dispostos. Com esse mesmo espírito se imporia a representação da paisagem, voltada para a observação da cena rural, da marinha, que representava cenas portuárias ou de porções do litoral ou do mar, tão ao gosto dos flamengos. E mais ainda: a preocupação de captar um relance parcial ou uma imagem conjunta de uma cidade, suas ruas e lugares públicos. A pintura começava a ganhar o mundo em todas as suas dimensões.

Naturalmente, a preocupação maior estava na representação do ser humano. A arte renascentista nunca se distanciou demasiado dessa sua vocação antropocêntrica. Nesse momento, a preocupação com a figuração da imagem humana se concentraria na representação do corpo, percebido em toda a extensão de sua carnalidade, suas formas, seu peso, sua textura, sua ossatura, sua musculatura, sua anatomia, enfim. A princípio, com Donatello e Masaccio, a materialidade e a exuberância do corpo vêm sugeridas nas formas sob as roupas. A partir de Luca Signorelli e principalmente com Michelangelo, ele aparece exposto em toda a dignidade superior da sua nudez: o centro da criação, o filho de Deus, o herói do universo, a criatura perfeita. O tema do nu se torna uma das fixações da arte ocidental desde essa época.

Nos quadros de inspiração religiosa surgem com frequência cada vez maior cenas que dão ensejo ao tratamento do nu, como a flagelação, a crucificação, as cenas do paraíso e do inferno e um tema que se torna obsessivo: o martírio de São Sebastião. Por outro lado, o recurso à mitologia clássica também possibilitava uma exploração ilimitada dos efeitos do nu e por isso foi bastante praticado, sobretudo com Botticelli. Desenvolve-se também a moda do retrato profano, das cenas domésticas e de família. Ser eternizado numa tela, com ar altivo, cercado de símbolos de poder e de uma clientela subserviente era uma tentação a que os ricos e poderosos não poderiam mais resistir. Esses atributos simbólicos, glória e eternidade, deixaram de ser um privilégio divino e se tornaram um valor de mercado, à disposição de quem pudesse adquiri-los.

CINQUECENTO

O último período do Renascimento italiano e aquele em que as obras artísticas atingiram seu mais elevado grau de elaboração foi o *Cinquecento*, correspondendo ao século XVI. Nesse momento as cidades italianas começam a enfrentar terríveis dificuldades econômicas, que cedo desandam em conflitos sociais agudos, principalmente em virtude das navegações portuguesa e espanhola que atingem o Oriente e o continente americano, rompendo e arruinando o monopólio turco-italiano de especiarias, que fora até então a base de sua riqueza e poderio. Aproveitando-se das dificuldades dos italianos, Carlos VIII, rei de França, invade a Itália em 1494, de onde só seria expulso em 1495 diante de uma coligação de tropas espanholas e alemãs. As cidades já não tinham como reger seus destinos, eram os peões no jogo das grandes potências. Só o papado, em Roma, conseguia, em sua estrutura imperial, reunir recursos, senão para vencer os estrangeiros, pelo menos para mantê-los calmos, satisfeitos e distantes. Mas tal situação não poderia estender-se por muito tempo e tem um desfecho dramático em 1520, com a irrupção da Reforma Luterana e, em 1527, com a invasão de Roma e o saque da cidade e do palácio pontifical pelas tropas hispano-alemãs de Carlos V.

Moisés (c. 1513-15), escultura feita por Michelangelo.
[Basílica de San Pietro in Vincoli, Roma, Itália]

Até que chegasse esse momento, entretanto, os dois papas do período, Júlio II (1503-1513) e Leão X (1513-1521), este último filho de Lourenço de Médici, criam na cidade e em torno do trono papal uma atmosfera de luxo, requinte e sofisticação cultural, transformando a corte pontifical no ambiente mais fértil e propício para a criação artística. Nesse período é que se iniciam as obras para a edificação da nova Basílica de São Pedro e a decoração do Palácio do Vaticano, atraindo para Roma artífices e artistas de todas as especialidades e procedências. O projeto do novo edifício da basílica foi originalmente proposto pelo arquiteto Bramante, que retoma os ensinamentos de Brunelleschi, dando-lhes entretanto uma dimensão que ia muito além das realizações do mestre florentino. Bramante concebe um monumento arquitetônico de tal magnitude que o torna incomparável com a escala dos edifícios religiosos anteriores. O plano da basílica é organizado segundo uma trama extremamente complexa de simetrias e equilíbrios múltiplos, baseada numa combinação arrojada de círculos e quadrados e coroada por uma gigantesca cúpula semiesférica de magnificência imperial. Se o templo era uma homenagem ao Senhor das Alturas, não deixava igualmente de exaltar o poder secular do Príncipe da Igreja que nele deveria oficiar.

No plano da pintura, o destaque do *Cinquecento* recai inelutavelmente sobre Leonardo da Vinci, Michelangelo e Rafael. A arte italiana atingiria o auge com esses pintores, cujas obras passaram a servir como base para a identificação mesma do estilo renascentista, passando todos os seus antecessores a ser chamados de primitivos ou pré-renascentistas. Sua influência seria decisiva, impondo os caminhos de praticamente toda a arte ocidental até o início do século XX. Eles iriam incorporar todos os aperfeiçoamentos técnicos e descobertas formais que vinham se multiplicando desde Giotto e lhes dariam o acabamento mais cristalino, composto num estilo homogêneo, límpido e ao mesmo tempo denso e rico de significações que transcendiam os próprios limites temáticos das suas obras.

A pintura de Leonardo desenvolve até um preciosismo virtuoso – o método de composição através dos jogos de luz e sombra (*chiaroscuro*). Em lugar de definir com linhas nítidas o perfil das figuras que retrata, procura reproduzir habilmente o próprio percurso da luz, deixando indefinidos os contornos que se perdem nas partes escuras e sombreadas e recortando com nitidez as superfícies banhadas mais diretamente pela luz. O efeito é um realismo maior das figuras e um tom geral de unidade e homogeneidade que realça a atmosfera mágica da pintura. Esse recurso é ainda reforçado por uma utilização primorosa da técnica do esfumaçamento (*sfumato*), que banhava todo o quadro de uma neblina suave e evocativa, atribuindo-lhe uma aura de elevação e mistério. Mistério esse acentuado e explorado pelo tratamento psicológico que Da Vinci conferia a seus personagens, tentando captar nas expressões os recônditos mais profundos da alma humana. É o que ressalta de suas obras mais significativas, particularmente a *Monalisa* e a *Virgem dos Rochedos*.

Ao contrário de Da Vinci, que desprezava a escultura como meio de expressão, Michelangelo seria o poeta do corpo concebido em toda plasticidade de sua massa tridimensional. O mistério para esse artista não se concentrava na expressão facial, mas se disseminava por todo músculo do corpo, por toda ruga da pele ou toda veia entumecida. Profundamente envolvido tanto pelo platonismo florentino quanto pela crise espiritual que abalou todo esse início do século XVI, o artista se aplica em destacar a tensão permanente que se instala entre o corpo e o espírito, a carne e a alma. Suas figuras, mesmo que numa atitude serena, denotam uma energia latente e indômita que vem de dentro e se expande pela extensão maciça de seu corpo. Se há equilíbrio, é porque ele representa uma harmonia provisória de forças opostas que se compensam. É o que denotam, por exemplo, a figura repousada porém com olhar impetuoso de *Moisés* ou o confronto entre o Deus Pai e o Adão na cena da *Criação* na Capela Sistina.

Madona com uma criança e o pequeno São João Batista (1507), obra de Rafael.
[Museu do Louvre, Paris, França]

Já Rafael estaria mais próximo de uma atitude de síntese entre as tendências da arte de seus dois grandes contemporâneos. Nem o psicologismo sutil, profundo e misterioso de Leonardo, nem o furor dos conflitos interiores de Michelangelo. Algo mais suave, mais simples, mas sem sacrificar nenhum recurso técnico e nenhum efeito emocional. Sua pintura praticamente neutraliza as grandes polarizações que se definiam nesse clímax do Renascimento entre o racionalismo inquieto de Da Vinci e o arrebatamento dilacerante do mestre da Capela Sistina. Sua arte é harmoniosa, tranquila, segura de si, sem mistérios, sem dúvidas e sem remorsos. Com a magnífica perfeição técnica que um talentoso herdeiro de toda a tradição pictórica italiana soube aproveitar, representa um mundo sólido, farto, crente e satisfeito consigo mesmo. Não admira por isso que ele tenha sido escolhido como o retratista oficial dos grandes príncipes e senhores do período e que se tenha tornado o principal modelo da arte oficial até o início do século XX. E, se a ternura delicada de suas Madonas contrasta com o aristocratismo soberbo de seus retratos, ambos confirmam sua condição de mestre das emoções medidas.

O século XVI assistiu ainda a um prodigioso florescimento da literatura na Itália, desenvolvendo-se vários gêneros. A ciência política e a História atingem o auge com Maquiavel e Guicciardini. O autor de *O Príncipe* produziria ainda uma das mais divertidas comédias do período, *Mandrágora*, à qual sucedeu, dois anos mais tarde, a primeira tragédia em estilo clássico, de Trissino. A poesia pastoral atingiria o seu pináculo na corte dos Este de Ferrara, através de Torquato Tasso e Guarini, enquanto Sannazaro introduziria o gênero do romance pastoral.

O gênero poético encontraria, porém, a mais elevada realização no quinhentismo por meio da epopeia. As mais destacadas seriam as epopeias líricas de Ludovico Ariosto (*Orlando Furioso*) e Torquato Tasso (*Jerusalém libertada*). Somem-se a essa intensa produção artística e literária os grandes trabalhos e realizações científicas e filosóficas encabeçadas por homens como Leonardo da Vinci, Giordano Bruno, Campanella, Gabriel Fallopio e Galileu Galilei, dentre muitos outros, e será fácil então compreender por que esse período foi chamado de a Idade de Ouro do Renascimento.

A evolução do Renascimento em outras regiões europeias

FLANDRES

Com a notável exceção de Erasmo de Rotterdam, de quem já tratamos abundantemente em momentos anteriores, pode-se dizer que o Renascimento flamengo esteve basicamente ligado ao desenvolvimento das artes plásticas, sobretudo da pintura. Seria através dessa arte, particularmente, que a sociedade flamenga exprimiria a consciência de pertencer a uma nova era: um tempo de muito trabalho, muita disciplina e de uma abundância material nem sempre bem distribuída. Ao contrário dos italianos, os povos nórdicos e os flamengos em especial nunca se sentiram muito atraídos pelas filosofias de estilo, pelos amaneiramentos e pelas teorizações sobre os sentidos últimos e mais elevados da arte. Eminentemente práticos, concentraram-se na busca incessante do máximo efeito de captação e reprodução do real. Suas maiores preocupações eram a pesquisa dos materiais de pintura, o aprimoramento técnico e o esforço de representação o mais natural possível dos objetos. Foram eles que introduziram a tinta a óleo (Mestre de Flernalle), iniciaram as pesquisas sobre a perspectiva linear, inventaram a perspectiva aérea (embaçamento progressivo da imagem quanto maior for a distância do observador) e desenvolveram como ninguém os efeitos de cor, luz e brilho na pintura.

Em suas origens, a arte flamenga estava vinculada ao chamado gótico tardio e ligava-se à corte de Paris. Era para ali que se dirigiam os artistas flamengos, atraídos pelo mecenato dos príncipes de Borgonha. Foi nesse meio que pontificaram pintores como Melchior Broederlam, o Mestre de Boucicault e os irmãos Limbourg, dedicados principalmente à arte das iluminuras. Sua pintura revela já um extraordinário sentido de realidade, com muita percepção do concreto e dos elementos da paisagem. As imagens são requintadas e atestam uma notável preocupação pelo detalhe e pela decoração.

Devido ao grande desenvolvimento do comércio e da manufatura em Flandres, que a tornaria desde o século XIV e XV uma das regiões mais ricas da Europa, Filipe III, o Bom, duque de Borgonha, mudaria sua corte de Paris para Bruges em 1419, reconhecendo e consolidando o primado econômico e cultural dessa região sobre o norte da Europa. A partir de então, os artistas flamengos não precisariam mais emigrar para desenvolver seu talento, iniciando-se a fase propriamente nacional da cultura flamenga. Além do mecenato dos duques de Borgonha, os pintores contaram ainda com as encomendas de uma burguesia abastada que veria na arte um recurso de autoafirmação e de inversão alternativa de capital. Os cuidados piedosos contaram sempre também com um forte estimulante para a produção artística: esses burgueses opulentos viam nas encomendas e doações de obras de arte às igrejas uma forma de purificar uma vida e uma riqueza não raro marcadas por máculas condenatórias. As administrações municipais dos burgos ricos da região – Bruges, Gand, Bruxelas, Louvain, Amberes – concorriam igualmente entre si nas decorações dos prédios públicos e das igrejas, estimulando a produção artística.

Assim, intimamente ligada à riqueza na sua origem, a pintura flamenga manteria esse vínculo com ela e o incorporaria em profundidade em suas produções. A burguesia de Flandres, contrariamente à da Itália, não tinha pretensões aristocratizantes e não disputava a posição dos duques de Borgonha. Seu universo era o das manufaturas, dos mercados, dos bancos e dos portos – e é isso o que sua pintura representa. Suas personagens se vestem com requintes luxuosos, seus interiores revelam peças preciosas, há toda uma preocupação em reproduzir o brilho dos metais nobres, das pedras preciosas, dos cristais e os arabescos da ourivesaria. Como nenhuma outra na época, essa arte representa com grande autenticidade e crueza as discrepâncias aparecidas no meio social, reproduzindo ao lado dos personagens sofisticados o povo simples, franzino, esquálido, maltrapilho, em cenas como a da Crucificação e a da Natividade. O mesmo realismo que projeta os detalhes do luxo, ressalta a dura opressão da miséria, da fome e do desamparo.

Outra característica que denota a raiz burguesa dessa arte seria sua notável fixação doméstica. Os artistas têm uma verdadeira paixão pela representação de interiores: de residências, de oficinas, de palácios, de templos. As cenas tendem sempre a assumir um singelo ar doméstico e familiar. Mesmo as representações religiosas tendem a ser banalizadas como meras cenas do cotidiano das famílias burguesas. O efeito disso é ambivalente, pois ao mesmo tempo em que humaniza mais o sagrado, aproximando sua experiência daquela das pessoas comuns, tende igualmente a sacralizar o ambiente e a faina do dia a dia, preenchendo-os de uma dignidade superior. Seria esse mesmo efeito de valorização que daria um enorme impulso ao desenvolvimento da arte do retrato, para a qual os flamengos contribuíram com duas importantes inovações: o perfil e o retrato conjugal, de farto sucesso até nossos dias. O lar e a família pareciam representar o novo altar e os oficiantes da sociedade flamenga moderna.

Escritório de advocacia (c. 1545),
obra de Marinus van Reymerswaele.
[New Orleans Museum of Art, Nova Orleans, Estados Unidos]

À parte isso, o mundo dos objetos parece ser a porção do universo que mais atrai e fascina esses pintores. As cenas de interiores são sempre repletas de móveis, tapetes, talheres, copos, garrafas, vasos, instrumentos técnicos vários, utensílios domésticos, candelabros, lamparinas, quadros, livros, moedas, joias, chapéus, tapetes, cortinas, espelhos, lenços, toalhas, instrumentos musicais etc. Um sem-número de objetos e quinquilharias que abarrotam as imagens, mas que são indispensáveis para definir a condição e o orgulho de uma residência e sua família, cujas personalidades se confundem e se completam com os objetos. Daí serem os artistas flamengos tão aficionados à representação realista e capazes de reproduzir com prodigiosa fidelidade as texturas dos tecidos finos, dos veludos e das sedas: das peles, dos tapetes e dos véus delicados; os reflexos dos vidros, dos metais polidos e das superfícies lustradas. É dessa habilidade e desse gosto que nasce essa grande arte flamenga que são as naturezas-mortas, com sua exuberância detalhista de flores, insetos e pássaros em meio a objetos reluzentes: o acasalamento harmonioso entre a beleza da vida e a dos objetos.

Essa gente urbana, presa nos interiores abarrotados de objetos, desenvolveria igualmente um apaixonado pendor pela natureza, representada de forma deslumbrante e inspiradora nas paisagens. As pinturas de paisagens seriam outra das grandes contribuições da arte flamenga ao acervo europeu. Os pintores flamengos as representam, já nessa época, como ninguém. Sua descrição dos elementos da natureza é extremamente minuciosa e realista. A composição é sempre grandiosa e os personagens, quando aparecem, são de proporções ínfimas e se perdem no contexto de um espaço que praticamente os anula. Eles são os primeiros a representar também a paisagem pura, sem quaisquer personagens; ou melhor, em que o único personagem é a própria natureza. E aí dão vazão a algumas de suas mais primorosas experiências de virtuosismo, tentando captar a transparência da própria atmosfera, os reflexos das águas e os vários matizes da luminosidade do ambiente. Tentativa de captar as cores, a luz e a beleza singular da natureza e prendê-las num quadro, para que nem elas faltem no gozo das delícias do lar.

O primeiro grande pintor flamengo da fase nacional moderna é sem dúvida o Mestre de Flemalle (Robert Campin – 1375?-1444). Sua obra mais notável é o *Retábulo de Merode* (1425). Embora ainda esteja ligado à tradição do gótico tardio, sua pintura já denota o esforço de construção de um espaço racionalizado, homogêneo e composto em perspectiva linear. Sua descrição dos efeitos de luz é extremamente eficiente. Foi justamente para conseguir os vários matizes e gradações da luz direta e indireta que ele introduziu a técnica da pintura a óleo – fato que proporcionou a suas obras um brilho esmaltado tão impressionante que seria logo copiado pelos seus conterrâneos e pelos artistas de toda a Europa.

Seriam, no entanto, os irmãos Jan (1390-1441) e Hubert (1366-1426) van Eyck que obteriam os mais espetaculares efeitos da técnica do óleo. Ambos são autores da obra que mais influências teve no Renascimento flamengo: *O retábulo do cordeiro místico*, realizada entre 1425 e 1432 na cidade de Gand. Esse trabalho ocupa essa posição de destaque não só por sua dimensão e estrutura complexa (cerca de 18 quadros justapostos), mas por ser a mais arrojada experiência até então feita com os efeitos de perspectiva aérea e linear, de colorido intenso e matizado, dotado de luminosidade e brilho próprios, que só a mestria única de Van Eyck com a pintura a óleo lhes permitiu realizar. Jan van Eyck faria ainda duas obras de extraordinária importância: *A boda de Arnolfini* (1434) e *A virgem do Chanceler Rolin* (1435). A primeira inaugura o retrato conjugal e consiste em um estudo virtuosístico dos reflexos espelhados da imagem, e a segunda, junto com *O homem do turbante vermelho* (1433), do próprio Jan van Eyck, constitui a base do retrato psicológico flamengo.

O retábulo do cordeiro místico (1430-32), obra dos irmãos Van Eyck.
[Catedral de São Bavão, Gante, Bélgica]

O sucessor direto desses primeiros grandes mestres seria Rogier van der Weyden (1400-1484). Tendo assimilado as características de seus predecessores, Rogier lhes acrescentaria uma dramaticidade e uma densidade psicológica que destoa do tom geral de equilíbrio emocional predominante até então na arte flamenga. Sua *Descida da cruz* (1435) constitui uma reflexão rigorosa sobre a dor e a fragilidade humanas. Seus retratos, como o *Francesco d'Este* (1455), procuravam aprofundar-se nas dimensões mais íntimas do caráter dos personagens retratados. Seu sucessor, Hugo van der Goes (1420-1482), cuja obra principal é o *Retábulo de Portinari*, continuou e acentuou as características da arte de Rogier, acrescentando-lhes uma ingenuidade piedosa, claramente retratada em seus personagens populares. Já seu contemporâneo, Hans Memling (1435-1494), adota o tom jovial e otimista da sua vasta clientela burguesa, dedicando-se sobretudo a retratos e paisagens e dando origem à fusão dessas duas formas com a introdução do retrato-paisagem.

Os dois últimos grandes artistas flamengos destacaram-se na região norte de Flandres, a Holanda, profundamente ligados às raízes do gótico. O primeiro deles foi Geert'gen tot Sint Jans, de Harlem, autor de uma *Natividade* noturna extremamente original, pela iluminação que parte do próprio Menino Jesus e pela simplicidade das imagens, reduzidas a seu contorno mínimo: o que se perde em precisão, ganha-se amplificado em expressão. O outro artista seria Hieronymus Bosch, cujas obras *O jardim das delícias*, *As tentações de Santo Antão*, *A carroça de feno*, *A nave dos loucos*, dentre outras, revelam uma atmosfera caótica e obscura de pesadelo, com monstros e criaturas bestiformes confundidas com homens e mulheres nas situações mais inusitadas. Sua intenção é sempre claramente moralizante e seus quadros trazem uma severa crítica ao caráter ávido e dissoluto da sociedade de seu tempo. Sua obra constitui o mais cáustico sermão visual feito por um pintor renascentista.

Boda de Arnolfini (1434), obra de Jan van Eyck.
[National Gallery, Londres, Inglaterra]

Detalhe de *O Retábulo de Portinari* (1476-78), obra de Hugo van der Goes.
[Galeria Uffizi, Florença, Itália]

Detalhe de *O jardim das delícias* (1480-1505), obra de Bosch.
[Museu do Prado, Madri, Espanha]

FRANÇA

O movimento renascentista francês, embora bem mais restrito do que o italiano ou o flamengo, foi no entanto bastante difuso, alcançando um elevado grau de elaboração em várias áreas das artes e da cultura. Sua base seria a corte de Paris, onde os monarcas, de Luís XI (1461-1483) a Francisco I (1515-1547), atuaram como verdadeiros mecenas, mantendo e estimulando inúmeros artistas, humanistas e literatos. Desses, o mais destacado foi sem dúvida Francisco I, que atuou, juntamente com sua irmã, a poetisa Margarida de Navarra, como promotor e patrono da cultura nacional francesa. Evidentemente, não se pode perder a dimensão política desse mecenato, uma vez que a definição da monarquia nacional francesa não poderia consolidar-se senão através de uma cultura suficientemente rica e ampla, porém liberta do latim e da Igreja, e que fosse capaz de despertar um sentimento de unidade e orgulho nacional da “raça Galo-Grega”, como diria o poeta Du Bellay (1525-1560).

Assim, a monarquia francesa teria sob suas ordens arquitetos de excepcional talento, como Pierre Lescot (1510-1578) e Philibert Delorme (1515-1570), a quem Francisco I se encarregaria de ordenar a construção daqueles palácios que propiciariam a definição do estilo arquitetônico francês: Fontainebleau, Chambord, Blois e Louvre. Henrique II iniciaria a construção do Palácio das Tulherias, seguindo projeto de Delorme. Contavam ainda os reis de França com escultores notáveis como Jean Goujon e Michel Colombe, que tiveram uma importância decisiva para fixar as características da arte renascentista francesa: mais cheia de artificialismos e de afetação que a italiana ou a flamenga, revelando claramente sua origem aristocrática e sua inspiração monárquica. O mesmo se daria com a pintura francesa, desde que liberta do gótico internacional pelas mãos de Jean Fouquet (cerca de 1420 a 1480). Atuando em meio dominado pelo gótico, mas tendo feito uma viagem à Itália, Fouquet faria uma síntese dessas duas influências, criando um estilo monumental, com grande domínio das técnicas de perspectiva e coloração, que se faria sentir sobre toda a pintura francesa posterior.

Francisco I e Margarida de Navarra fundaram ainda o Colégio de França e pretenderam estabelecer as condições definitivas para o pleno florescimento dos estudos humanistas. Sua corte concentrava toda uma multidão de estudiosos das línguas: Budé e Amyot, helenistas e filólogos; Robert e Henri Estienne, latinistas; Vetable e Paradis, especialistas em hebraico. Isso sem falarmos da Pléiade, grupo de poetas encabeçados por Pierre de Ronsard e Du Bellay, protegidos de Margarida, que se encarregaram de lançar as bases da literatura nacional francesa. Mais afetados e estilizados que Villon e Rabelais, esses poetas de origens fidalgas pretenderam assumir o controle da cultura francesa escrita, impondo-lhe uma diretriz fortemente nacional, aristocrática e oficial, graças ao apoio da princesa de Navarra.

INGLATERRA

O Renascimento inglês é bem mais tardio, se comparado com o italiano e o flamengo, e só se tornaria marcante com a ascensão dos Tudor, a partir de 1485, assinalando a etapa da formação do Estado nacional inglês. A precocidade da infiltração das ideias calvinistas desde os inícios do século XVI teve, ao que parece, um peso decisivo para definir o curso do movimento renascentista nesse país: não houve nenhum desenvolvimento significativo das artes plásticas, concentrando-se a produção cultural praticamente na música, na literatura e no teatro. As realizações mais expressivas nas artes devem-se a dois estrangeiros: Hans Holbein, pintor alemão, e Torrigiano, escultor italiano. Mesmo a arquitetura só terá um desenvolvimento digno de nota a partir da ascensão dos Stuart em 1603.

Em compensação, a Inglaterra produziu humanistas notáveis como Sir Thomas North (1535-1601), George Chapman (1560-1634) e John Dryden (1631-1700), tradutores dos clássicos gregos e latinos e poetas os dois últimos. Dentre esses humanistas destacava-se, pela erudição e pelo poder criativo, Sir Thomas Morus, autor da célebre *Utopia* (1516). A questão religiosa desde cedo se disseminou no seio da cultura inglesa, dividindo seus intelectuais em campos opostos e arrastando-os para consumir seu talento em polêmicas teológicas, o que levou Dryden a perder seus cargos e conduziu Thomas Morus para o cárcere e depois para o cadafalso. Particularmente notável no campo do pensamento foi a contribuição de Sir Francis Bacon (1561-1626), autor de *Novum organum* (1622) e d'*O progresso do conhecimento* (1665). Esta última obra pretendia ser uma síntese de todos os conhecimentos acumulados pela humanidade. Bacon foi o primeiro sistematizador do método indutivo na pesquisa científica, acreditando que a base de todo conhecimento procedia da experiência e não da teoria.

No campo literário, onde se localiza a parte mais significativa da produção cultural renascentista inglesa, destacaram-se os poetas petrarquianos Sir Thomas Wyat (1503-1542) e o conde de Surrey (1517-1547), introdutores do soneto na Inglaterra, e Sir Philip Sidney (1554-1586), poeta e autor da *Defesa da poesia*, obra através da qual pretende regular a produção poética e literária inglesa. Mas a contribuição mais notável do Renascimento inglês foi, sem dúvida, o teatro elisabetano, que reuniu talentos dramáticos exponenciais como os de Marlowe, Jonson, Fletcher e Shakespeare, a respeito dos quais já fizemos uma referência mais longa no capítulo adequado.

ALEMANHA

Também na Alemanha a penetração do Renascimento se fez tardiamente, entre os fins do século XV e inícios do século XVI, logo recebendo o impacto do movimento reformista. Ali, como em Flandres, a vida burguesa das cidades que passam por um processo de intenso enriquecimento nessa fase forneceria as bases para o desabrochar de uma nova cultura. Colônia, Augsburgo, Basileia, Nuremberg, dentre outras, seriam os focos aglutinadores de mercadorias, casas bancárias, feiras, comerciantes e artistas. Sem estar presa a um núcleo cortesão, a cultura alemã tomaria a forma bastante diversificada de inúmeras escolas e tendências místicas, ligadas cada qual a sua cidade de origem. Entretanto, em meio à diversidade é ainda muito fácil perceber uma característica peculiarmente alemã que permeia toda essa produção, vinculando-a ao gótico tardio e à arte flamenga, suas influências mais marcantes. A penetração dos modelos italianos é assimilada lentamente, permitindo uma harmoniosa fusão com um estilo que a essa altura já podia ser chamado propriamente de alemão.

A manifestação mais marcante do Renascimento na Alemanha foi certamente a rápida difusão dos estudos humanistas nos meios burgueses e universitários em fins do século XV. A atuação precursora de Reuchlin (145-1522), filólogo, helenista e profundo conhecedor do hebraico, desencadeou toda uma série de ataques à cultura tradicional, dominada pela Igreja e permeada de obscurantismos, dogmatismos e intolerância. *As Cartas de homens obscuros*, escritas pelos humanistas Ulrich von Hutten (1488-1523) e Crotus Rubianus (1480-1539), liquidaram de vez a hegemonia da cultura tradicional, abrindo caminho para a mais completa penetração da crítica renascentista. Essa mesma crítica de linhagem erasmiana tocaria profundamente homens que, envolvidos com o movimento humanista, decidem levá-lo às últimas consequências: Willibald Pirckheimer, Philipp Melanchton e Martinho Lutero, os patronos da Reforma na Alemanha.

No campo da arte, a forma mais peculiar da criação alemã era a gravura sobre metal ou madeira. Técnica tradicional, ela foi bastante transformada e dinamizada desde meados do século XV com a invenção da imprensa: a difusão dos livros em maior escala forçou uma modernização das técnicas e do gosto das ilustrações. O grande centro das gravuras era Nuremberg, com seus grandes mestres Martin Schongauer (1445-1491) e Michael Wolgemur (1434-1519). No entanto, o mais notável gravurista alemão foi um discípulo deste último, Albrecht Dürer (1471-1528), também de Nuremberg. Seu traço atinge uma leveza tal que permite a seus trabalhos transmitirem com a mesma força uma extraordinária sensação ambivalente de realismo e fantasia, de naturalismo magia.

Esse mesmo Albrecht Dürer, tão fiel à tradição alemã, fez ainda uma série de viagens à Itália e à Flandres, vindo a configurar através de sua arte a mais perfeita síntese desses três focos principais da pintura renascentista. Ele une à solidez do gótico alemão o cromatismo e luminosidade da arte flamenga e o sentido de geometria, harmonia e profundidade da pintura italiana. Suas obras mais notáveis seriam a *Adoração dos reis magos*, a *Natividade*, *Adão e Eva*, *Os quatro apóstolos* e *A Santíssima Trindade.* Mas, preso à tradição alemã, Mathias Grünewald (1485-1530) leva ao extremo a exposição da dor e do desespero humanos, renovando o gótico com um forte efeito expressionista. Já os dois outros grandes pintores alemães, Lucas Cranach (1472-1553) e Hans Holbein (1497-1543), assumem um tom mais mundano e mais adocicado em suas composições. A escultura alemã, representada por mestres como Adam Kraft (1443-1502), Peter Vischer (1460-1529) e Riemenschneider (1461-1531), exibe esse mesmo tom suave, tão ao gosto da burguesia consolidada das grandes cidades.

Os quatro cavaleiros do apocalipse (1498), gravura feita por Dürer.
[The Metropolitan Museum of Art, Nova York, Estados Unidos]

ESPANHA

A formação do Estado nacional espanhol moderno esteve diretamente vinculada à longa luta empreendida pelos grupos militares cristãos para expulsar o elemento islâmico que se fixara na península ibérica desde o século VIII. Somente após a unificação nacional, obtida pelo casamento entre Isabel de Castela e Fernando de Aragão em 1468, é que os espanhóis conseguiriam reunir as condições para a expulsão dos muçulmanos de seu último reduto – Córdoba – em 1492. Esse mesmo ano marca a descoberta da América por uma expedição comandada pelo navegante genovês Cristóvão Colombo, a serviço da Coroa espanhola. Temos aí reunidas, pois, as principais circunstâncias que condicionaram a manifestação do movimento renascentista na Espanha. O predomínio de uma aristocracia guerreira e militante fervorosa em favor da expansão do cristianismo; a ascensão de uma monarquia centralizada, forte e voltada para a ampliação permanente de seus domínios (a conquista de Nápoles e da Sicília se faria em 1504); a formação de uma sociedade complexa, composta por elementos hispânicos, árabes e judeus no seu território ibérico e por populações de nativos gentios e pagãos estendidas por todas as suas conquistas, que iam do mediterrâneo ao Extremo Oriente.

Nessas condições, é fácil compreender por que a penetração das ideias renascentistas só se daria na Espanha nos fins do século XV e inícios do século XVI. Torna-se possível entender também por que elas tiveram uma vigência tão curta, pouco podendo enraizar-se nesse meio, uma vez que seriam praticamente sufocadas pela maré da intolerância contrarreformista que teria na Espanha o principal foco irradiador. Desde o segundo terço do século XVI, a cultura espanhola já tendia para a atmosfera tensa e dramática do maneirismo que prepararia o terreno para o grande Século de Ouro do barroco espanhol (século XVII). À parte isso, a forte e larga presença dos grupos islâmicos na península contribuíra para deixar ali todo o vigor e a intensidade da arte muçulmana, com seus azulejos, seus arcos em ferradura, seus arabescos, mosaicos e efeitos dourados. A fusão da tradição gótica cristã com o estilo muçulmano produziu o *mudéjar*, estilo nacional e típico da arte do Estado espanhol unificado. A penetração do estilo renascentista se daria paulatinamente a partir da importação de artistas flamengos ou italianos, ou do trabalho de jovens artesãos espanhóis enviados para estudar naqueles centros da nova cultura.

O humanismo espanhol teria seu início marcado pela fundação da Universidade de Alcalá de Henares, pelo cardeal Jiménez de Cisneros em 1508. A universidade constituiria desde logo um poderoso centro de estudo das culturas clássicas e orientais – dedicado especialmente à tradução e ao estudo do texto bíblico –, que irradiaria o novo espírito especulativo e ambicioso para todo o país. A exacerbação da fé católica no contexto do movimento contrarreformista permitiria à Espanha contribuir com três dos maiores escritores místicos da modernidade: Santo Inácio de Loyola (1491-1556), o fundador da Companhia de Jesus e autor dos *Exercícios espirituais*; Santa Teresa d'Ávila (1515-1582), fundadora de 17 conventos de carmelitas descalças e autora de algumas das maiores obras-primas da língua espanhola, como as suas *Poesias*, sua obra mística *Castelo interior* ou seu guia *O caminho da perfeição*; São João da Cruz (1542-1591), reformador, também da ordem das Carmelitas, das quais fundou quinze novas comunidades, e autor de poesias e prosa mística em metro renascentista italiano, como suas *Obras espirituais*. Essas obras devocionais, mas revestidas de extraordinária densidade poética, se somariam à parte mais significativa da cultura do Renascimento espanhol, representada pela literatura de Herrera e Cervantes e pelo teatro de Garcilaso de la Vega e Lope de Vega, já analisados em outro capítulo.

Mosteiro do Escorial (1563-1584).
[San Lorenzo de El Escorial, próximo a Madri, Espanha]

A arquitetura espanhola, sempre assinalada pela presença do estilo *mudéjar*, tem sua maior realização nesse período no palácio e mosteiro de Escorial, construído por Herrera, sob as ordens de Filipe II, de 1562 a 1584. A decoração interna desses monumentos foi deixada quase totalmente a cargo de artistas estrangeiros contratados para trabalhar para a corte espanhola. Esse fato nos fornece uma indicação muito precisa de quanto pesaram os artistas italianos e flamengos na produção das artes plásticas. Mesmo assim, alguns pintores espanhóis alcançaram um notável grau de realizações e de originalidade, como Pedro de Berruguete (também escultor de grande talento), de Castela, Rodrigo Osuna de Valência e Luís de Morales, o Divino, que soube retratar como ninguém todo o clima religioso e místico da Espanha renascentista. O mais famoso dos pintores que atuaram na Espanha em fins do século XVI, Domenikos Theotokopoulos, chamado El Greco (1541-1614), representaria já a turbulência trágica do maneirismo e dos primeiros momentos do barroco, escapando às balizas do Renascimento.

PORTUGAL

Em Portugal, a introdução dos primeiros elementos da cultura renascentista coincide com o otimismo das conquistas mais promissoras em seu processo de expansão atlântica em fins do século XV. A adoção do chamado estilo manuelino, de 1490 a 1520, significaria a consagração desse obstinado esforço – alimentado sobretudo pela burguesia das cidades portuárias – de romper com o monopólio ítalo-turco do comércio de especiarias orientais. Tendo como base o estilo mourisco, que correspondia ao *mudéjar* castelhano, o manuelino se caracterizaria sobretudo pela profusão decorativa e pelo arrojo flamejante das concepções. Seus melhores exemplos estão no Mosteiro da Batalha, nas portas de Batalha e Santarém e na Torre de Belém. A grandiosidade desse estilo era perfeitamente compatível com a situação histórica vivida então por Portugal, erguida à altura de primeira potência no contexto europeu que abria o século XVI.

A figura-chave do humanismo português foi Francisco Sá de Miranda (1495-1558). Após alguns anos de permanência na Itália, trouxe para sua pátria as preocupações dos eruditos italianos e as novas formas do *stil nuovo* desenvolvidas pelos poetas, literatos e dramaturgos do Renascimento italiano. Ele próprio iria atuar em vários níveis da cultura literária de seu país, produzindo obras e textos de todas as formas e compostos em todos os metros: poesias, elegias, sátiras, epístolas, éclogas etc. Suas comédias mais famosas são *Vilhalpandos* e *Estrangeiros*. Procurou fundir as formas lusitanas tradicionais, como o vilancete e a cantiga, com os metros italianos. Mas o maior poeta da língua portuguesa e um dos maiores escritores de todos os tempos foi Luís Vaz de Camões (1524-1580), autor da célebre epopeia das conquistas marítimas portuguesas, *Os Lusíadas*. Dotado de grande saber humanístico e capaz de um domínio prodigioso sobre seu idioma, Camões comporia uma obra de inigualável grandeza e sabor poético: ao mesmo tempo em que louvava os feitos de seu país, percebia já as calamitosas consequências de sua ambição delirante e desmedida. Além dessa epopeia, Camões deixou uma vasta obra lírica e três autos (representações teatrais ao estilo medieval): *El-rei Seleuco*, *O anfitrião* e *Filodemo*.

O teatro português nunca se libertou completamente de suas raízes medievais nem de sua origem comum com o teatro espanhol. Gil Vicente (1470-1536), o criador do teatro nacional português e autor de uma vasta obra, era discípulo do dramaturgo espanhol Juan de Encina. Produziu 46 peças teatrais, sendo 11 em língua castelhana, 19 bilíngues e somente 16 em português. Esse fato, se demonstra o ambiente comum que vazava a cultura ibérica, nem por isso pode renegar o sabor tipicamente lusitano que Gil Vicente soube dar a suas obras, aproveitando inclusive poemas e metros populares e tradicionais, como a cantiga e a redondilha. As mais importantes são: o *Auto da barca do inferno*, o *Auto das almas*, *A farsa de Inês Pereira*, dentre outras. De forma muito mais drástica, nas artes plásticas, a cultura portuguesa manteve-se presa ao gótico tardio, sobretudo de influência flamenga. Uma obra única que escapa desse condicionamento e manifesta uma extraordinária realização nos moldes renascentistas, com o brilho, a grandiosidade e o colorido de Jan van Eyck, é *Políptico de São Vicente de Fora*, atribuído a Nuno Gonçalves. Essa obra representa todo o viço da sociedade moderna e aburguesada do Portugal da dinastia de Avis e transpira todo o sentimento de euforia e glória nacionais produzido pelas afortunadas navegações. O *Políptico de São Vicente de Fora* pode assim ser compreendido como a versão visual da epopeia camoniana.

Políptico de São Vicente de Fora (c. 1480), painéis que representam 58 figuras da corte portuguesa atribuídos a Nuno Gonçalves. [Museu Nacional de Arte Antiga, Lisboa, Portugal]

Conclusão

Eis um dos quadros possíveis, geral, breve e restrito, dessa grande experiência cultural e histórica que foi o Renascimento. Não se estaria então caindo na tentação de fazer um quadro renascentista do Renascimento? Há certas tendências que parecem permear todas as manifestações da cultura renascentista, como um esforço de metodização e racionalização tanto do real quanto do campo simbólico; uma ênfase contínua nas potencialidades, nos recursos e nos limites do corpo e do espírito humanos; um sabor especial pela liberdade e pelo ato libertador. Mas o que seria mais notável: as semelhanças ou as divergências? Pode-se imaginar que as diferenças seriam passíveis de ser orquestradas para produzir um efeito final e predominante de harmonia? É sem dúvida uma herança remota do Renascimento essa nossa tendência de estabelecer uma imagem unitária, racional e funcional de qualquer realidade dada – e isso é uma constante!

Mas o campo de divergência é também prodigiosamente rico. Diferença no espaço, entre o *Quattrocento* italiano antigótico e o Renascimento flamengo, todo assentado sobre o gótico. Diferenças no tempo entre, por exemplo, a produção da arte italiana dos séculos XIV, XV e XVI. Diferenças simultâneas entre homens contemporâneos e conterrâneos, como Leonardo e Michelangelo ou Marsilio Ficino e Pietro Pomponazzi, por exemplo. É possível considerar como unidade homogênea um movimento que incorpora tanto Giordano Bruno quanto Inácio de Loyola, Rafael quanto Hieronymus Bosch, Campanella quanto Paracelso, Maquiavel quanto Erasmo de Rotterdam, Erasmo quanto Lutero? Não seria simplificar demais, ou melhor, abstrair demais e abstrair justamente o que conta, o que dá a cada manifestação sua vida, sua peculiaridade e seu interesse especial – a diferença? Seria levar às últimas consequências as lições dos pintores renascentistas na construção do espaço racional e abstrato.

Não há, portanto, uma experiência histórica renascentista, há várias. Não há um Renascimento, há múltiplos. O mais característico desse fenômeno histórico é, pois, a rica variedade das suas manifestações, assemelhadas algumas práticas e produções entre si, contrastantes outras, convergentes ainda algumas e contraditórias inúmeras. Deixados sob condições de relativa liberdade para que apontassem novos rumos e valores a uma sociedade em processo rápido de mudança, esses criadores fizeram múltiplas escolhas: temos a técnica e a matemática em Brunelleschi, a sensualidade em Boccaccio e Lourenço Valia, o misticismo em Santa Teresa e

São João da Cruz, a angústia da fé em Lutero, a autodisciplina em Loyola, o controle racional em Thomas Morus e Campanella, o civismo em Guicciardini, o poder em Maquiavel, a observação e a análise profunda em Da Vinci, o furor em Michelangelo, a ironia em Erasmo, o delírio condenatório em Bosch, a visão apocalíptica em Dürer. E, ainda assim, cada um desses personagens era infinitamente mais complexo, se os olharmos com mais detalhes. Cada um, por sua vez, tinha múltiplas facetas.

É claro que as sociedades elegeram algumas dessas opções e as adotaram, incorporando por completo todos os seus elementos e sua significação, porque condiziam com os novos interesses que se tornavam predominantes. Isso explica, por exemplo, o sucesso de Rafael até hoje e o fracasso de Van der Goes e Bosch. Aliás, os próprios renascentistas já haviam selecionado criteriosamente alguns elementos da cultura popular que seriam incorporados a sua arte, como a cantiga, a redondilha, o espaço cênico dos mistérios populares, o gótico flamígero, dentre outros. Assim, as gerações posteriores ao Renascimento farão sua seleção do que eleger como representativo daquele movimento. Os iluministas dos séculos XVII e XVIII, por exemplo, prefeririam Leonardo, Rabelais e Erasmo. Os intelectuais dos séculos XIX e XX fizeram e fazem, por sua vez, uma filtragem do Iluminismo, destacando alguns filósofos e relegando outros. Assim, Descartes, Locke e Rousseau, por exemplo, passam a ter um papel central, enquanto a Pascal, Fénelon e Spinoza ficam reservados papéis secundários.

A tendência que se observa é a de um afunilamento que se torna cada vez mais estreito com o tempo e se dirige para uma visão cada vez mais unilinear, que visa destacar um processo único, ou seja, a racionalização crescente e avassaladora da experiência humana. E isso não deixa de ser inquietante, pois, se partimos do múltiplo para o único, do concreto para o abstrato, da vida para o conceito, nossa experiência cultural corre o risco de empobrecer-se, estreitar-se, sucumbir-se sob um garrote vil. O Renascimento, ou os renascimentos, essa prodigiosa riqueza de manifestações variadas e divergentes, presta-se de maneira excepcional, neste caso, como uma lição sobre a vitalidade incontrolável da cultura humana, quando atravessada por um sopro ou um anseio geral de liberdade. Se a complexidade que o movimento renascentista representou deve ser vista como a raiz de nossa consciência moderna, então não se deve ressaltar apenas a dimensão metódica e harmoniosa em torno de um só eixo dessa consciência. Deve haver nela um espaço equivalente para a fantasia, a angústia, o desejo, a vontade, a sensação e o medo também. Nesse sentido é que estaríamos mergulhando fundo em nossa raiz, nesse sentido é que seríamos realmente radicais e poderíamos declarar como *Lord* Macbeth:

> *Ouso tudo o que é próprio de um homem;*
> *Quem ousar fazer mais do que isso, não o é.*

Cronologia

SÉCULO XIV

- Crise do sistema feudal: Guerra dos Cem Anos, Peste Negra e revoltas populares.
- Preeminência comercial das cidades italianas.
  - *Trecento* (1ª fase do Renascimento italiano)
  - Dante Alighieri escreve *A divina comédia.*
  - Petrarca elabora o *Cancioneiro.*
  - Boccaccio escreve o *Decameron.*
  - Em Florença, destaca-se a pintura de Giotto.
- 1339: Crise em Florença, com a falência de grandes companhias comerciais.
- 1378: Revolta dos *ciompi.*

SÉCULO XV

- Revolução Comercial.
- Formação dos Estados nacionais.
- 1419: Mudança da corte do duque de Borgonha de Paris para Bruges.
- 1434-1492: Ascensão dos Médici em Florença.
- 1468: Início da unificação espanhola.
- 1485: Ascensão dos Tudor na Inglaterra.
- 1492: Aniquilamento do último reduto muçulmano em Córdoba.
- 1492: Colombo descobre a América.
- 1500: Descobrimento do Brasil.
- 1500: Invenção do primeiro relógio de bolso.
- Difusão do termo *humanista* e expansão do humanismo pelas principais cidades europeias.
- Início das perseguições aos humanistas.
- Estruturação dos idiomas nacionais.
- Início do período de inovações técnicas, que se estende até o século XVI: perspectiva matemática (Brunelleschi): invenção da luneta astronômica (Galileu Galilei); invenção da imprensa (Gutenberg) e instrumentos de engenharia civil e militar (Da Vinci).
- Inicia-se a fase nacional da cultura flamenga.
- Erasmo de Rotterdam escreve o *Elogio da loucura*.
- Difusão dos estudos humanistas nos meios burgueses a universitários da Alemanha.

- *Quattrocento* (2ª fase do Renascimento italiano).
  - Em Florença surgem três correntes na pintura: naturalista (Masaccio); gótico tardio (Fra Angelico) e a que sintetiza as anteriores (Botticelli).
  - Destaca-se a Academia de Florença como centro de difusão do platonismo.
  - Em Veneza introduz-se a pintura a óleo (Giorgione).
  - Destaca-se a Escola de Pádua (Veneza) como centro de difusão do aristotelismo.
- Início da concorrência do comércio italiano de especiarias com Espanha e Portugal.
- 1494: Carlos VIII, rei da França, invade a Itália.
- 1495: Carlos VIII é expulso por tropas espanholas e alemãs.

SÉCULO XVI

- 1490-1520: construção dos mosteiros de Batalha e Santarém e da Torre de Belém em estilo "mourisco".
- 1508: Cardeal Cisneros funda a Universidade de Alcalá de Henares.
- 1508-1517: Campanhas de Maximiliano na Itália financiadas pelos banqueiros Fugger.
- 1519: Eleição de Carlos V como imperador, garantida pelos Fugger.
- 1519-1521: Fernão de Magalhães faz a primeira viagem ao redor do mundo.
- 1520: Reforma Luterana.
- Infiltração do calvinismo na Inglaterra.

- 1527: Carlos V invade e saqueia Roma e o Palácio Pontifical com tropas hispano-alemãs.
- Difundem-se na literatura os gêneros da poesia lírica (Petrarca), da poesia pastoral (Cervantes), da narrativa satírica (Boccaccio) e da epopeia (Luís de Camões).
- 1546: Thomas Morus escreve a *Utopia*.
- Maquiavel escreve *O Príncipe*.
- 1562-1584: Construção do mosteiro de Escorial em estilo *mudéjar*.
- Ideias renascentistas são reprimidas pela intolerância contrarreformista espanhola.
- Henrique II inicia a construção do Palácio das Tulherias. Francisco I e Margarida de Navarra fundam o Colégio de França. Nuremberg torna-se o centro da arte da gravura.
- *Cinquecento* (3ª fase do Renascimento italiano).
    - A Corte Pontificial torna-se o centro da produção artística.
    - Destacam-se na pintura Leonardo da Vinci, Michelangelo e Rafael.

Bibliografia

AUERBACH, Erich. *Introdução aos estudos literários*. São Paulo: Cultrix, 1970.
BURCKHARDT, Jacob. *A civilização da Renascença italiana*. Lisboa: Presença, 1983.
CHÂTELET, François (dir.). *A filosofia do Novo Mundo*. Rio de Janeiro: Zahar, 1974.
CROUZET, Maurice (dir.). *História geral das civilizações*. 3. ed. São Paulo: Difel, 1969.
FRANCASTEL, Pierre. *A realidade figurativa*. São Paulo: Perspectiva/ Edusp, 1973.
HAUSER, Arnold. *História social da literatura e da arte*. São Paulo: Mestre Jou, 1972.
KOYRÉ, Alexandre. *Do mundo fechado ao universo infinito*. Rio de Janeiro/São Paulo: Forense Universitária/Edusp, 1979.
PANOFSKY, Erwin. *Renascimento e renascimentos na arte ocidental*. Porto: Editorial Presença, 1981.
SANTILLANA, Giorgio de. *O papel da arte no Renascimento científico*. São Paulo: FAU-USP, 1981.
TENENTI, Alberto. *Florença na época dos Médici*: da cidade ao Estado. São Paulo: Perspectiva, 1973.

GRÁFICA PAYM
Tel. [11] 4392-3344
paym@graficapaym.com.br